Dieter Korczak

Neue Formen des Zusammenlebens

Erfolge und Schwierigkeiten des Experiments »Wohngemeinschaft«

Fischer
Taschenbuch
Verlag

Sonderthema

»Damit das Mögliche entsteht,
muß immer wieder das Unmögliche versucht werden.«

Hermann Hesse

fischer alternativ
Eine Reihe des Fischer Taschenbuch Verlags
1.–10. Tausend: Februar 1979
11.–17. Tausend: Mai 1979
Originalausgabe
Umschlagentwurf: Peter Hajnoczky (Zürich)
Fischer Taschenbuch Verlag GmbH, Frankfurt am Main, 1979

Satz: Otto Gutfreund & Sohn, Darmstadt
Druck und Einband: Clausen & Bosse, Leck/Schleswig
Printed in Germany
680- ISBN-3-596-24016-6

Inhalt

1. Drehpunktpersonen 4
2. Verarbeitung von Alltagserfahrung 7
3. Wandlung von Alltagserfahrung und kultureller Wandel 10
4. Entwicklung und Bandbreite der Familienformen 22
5. Motivationen 30
6. Historische Kollektive 38
7. Das Oneida-Modell 42
8. Das Brook Farm-Modell 46
9. Das New Harmony-Modell 48
10. Beispiele für kollektives Leben
(Befragung von Mitgliedern einzelner Wohnkollektive) 52
Beispiel 1 53
Beispiel 2 67
Beispiel 3 77
Beispiel 4 85
Beispiel 5 97
11. Bewertung der Ergebnisse 101
Motivationen zum kollektiven Leben 102
Herkunft der Mitglieder in Wohnkollektiven 105
Auswahl der Wohnkollektivmitglieder 106
Regelung der Besitzverhältnisse in Wohnkollektiven 108
Arbeitsorganisation in Wohnkollektiven 110
Kommunikationsformen in Wohnkollektiven 111
Kindererziehung in Wohnkollektiven 113
Sexualität in Wohnkollektiven 114
12. Schlußbetrachtung zu den Ergebnissen 116
Tabellen 118
Literaturverzeichnis 122

[redacted]ktpersonen

Drehpunktpersonen bestimmen das Bild. Es sind bekannte wie Marlon Brando, der filmt und für die Rechte der indianischen Minderheit eintritt, wie Ronald D. Laing, der Psychiatrie lehrte und jetzt Meditation in Indien lernt.

Drehpunktpersonen, das waren vor zehn Jahren einmal Borm und Brückner, Degenhardt und Dorn, Enzensberger und Flechtheim, Gollwitzer und Gottschalch, Habermas und Hachfeld, Kadritzke und Klug, Mahler, Neuss, Niemöller, Nevermann, Röhl und Ristock, Wagenbach und Walser, Abendroth und Zwerenz. Auf das Drehmoment, das sie in Gang hielten, reagierte das »*Kursbuch*« elegisch mit dem Titel »*Zehn Jahre danach*« im Jahre 1978.

Drehpunktpersonen sind aber auch die vielen, deren Namen nicht so bedeutungsschwer geworden sind und die ebenso zwischen Verzweiflung und Zuversicht, zwischen Haben und Sein pendeln, die betroffen sind von archaischer Machtpolitik und technischem Fortschritt, von dem Anwachsen kultureller Primitivität, Arbeitslosigkeit und raffiniertestem Komfort für die Eltern. Die Vakuum-Neurose (völliger Mangel an Unternehmungsgeist, allgemeine Interessenlosigkeit und Resignation) könnte auch für sie wie so viele andere Bedeutung bekommen, noch aber setzen sie der existentiellen Frustriertheit die zuversichtliche Suche entgegen.

Drehpunktpersonen stehen sowohl mit dem Establishment als auch mit subkulturellen Gruppen in Beziehung. Den Gegensatz zwischen Establishment und subkulturellen Gruppen tragen sie vorerst in ihrem Inneren aus. Allport hat einmal über sie gesagt:

»Wer es sich leisten kann, hat einen Haus-Psychiater; reicht es nicht dazu, besucht man wenigstens regelmäßig ein Zentrum für psychische Hygiene, eine Lebensberatungsstelle oder eine soziale Einrichtung mit seelenärztlichen Aufgaben.« [1]

Drehpunktpersonen haben einen großen Bekanntenkreis, der in einigen oder sogar vielen Jahren angewachsen ist und in dem sich die verschiedenartigsten Leute befinden. Künstler, Medienmacher, kreative

[1] Gordon W. Allport, Werden der Persönlichkeit, München 1974, S. 11

Manager, Lehrer, Studenten, Ärzte, Rechtsanwälte und Spontis aus allen Berufsschichten.

Trotz dieses großen Bekanntenkreises brauchen und nehmen sich die Drehpunktpersonen viel Zeit bei der Entwicklung intensiver Freundschaften. In ihren engsten Freundeskreis, ihre primäre Bezugsgruppe, werden zumeist Personen eingegliedert, die ihnen selbst am ähnlichsten sind.

Mit diesem engen Kreis werden häufig und intensiv persönliche und zwischenmenschliche Probleme diskutiert, die den unmittelbaren Lebensbereich betreffen. Aktuelle politische Probleme werden in ihren Auswirkungen auf diesen Lebensbereich gesehen und erlebt, wobei die gesamtgesellschaftliche politische Tragweite nicht außer acht gelassen wird. Die gegenseitige Beeinflussung gehört innerhalb der primären Bezugsgruppe zu dem Erlebnis intensiven Erfahrungsaustausches.

Die meisten Zusammenkünfte mit den Freunden des weiteren Bekanntenkreises wie mit den Personen der primären Bezugsgruppe kommen planlos und spontan zustande. Das, was dann getan und gesprochen wird, entwickelt sich zumeist spontan aus dem Zusammensein. Konventionelles Verhalten wird abgelehnt, äußere Stilformen und gängige Moden sind unverbindlich. Wichtiger ist, sich selbst und Beziehungspartnern gegenüber authentisch zu reagieren. Wenn sie für ihre Selbstverwirklichung arbeiten können, dann halten sie sich für sehr leistungsfähig und leistungsbereit.

Die Selbstverwirklichung über Ideale ist jedoch mit Schwierigkeiten verbunden. Die eigenen Ideale werden zwar als Orientierungspunkte und nicht als verbindliche Handlungsanweisungen gesehen, bleiben dabei aber relativ vage. Die Idole früherer Jahre aus der Zeit der Studentenbewegung sind entwertet worden, die unkonventionelle bedürfnisorientierte Lebensweise von gesellschaftlichen Randgruppen wird idealisiert, die Angst, vor dem gesellschaftlichen Anpassungsdruck kapitulieren zu müssen und Individualität und Spontanität aufzugeben, wird thematisiert. Als generelle Orientierung bleibt das Ideal einer humanen Gesellschaft, in der Entfremdung überwunden und weitgehende, ja absolute Selbstverwirklichung möglich ist.

Sie stellen sich eine Zukunft vor, in der sie ihre berufliche Kompetenz mit ihren gesellschaftlichen Veränderungsbemühungen verbinden können. Das soll über eine Integration von Berufs- und Privatleben möglich sein, die zumindestens im kleinen Rahmen mit einer Gruppe von Gleichgesinnten möglich ist. Es verwundert nicht, wenn die Vorstellung einer traditionellen Zweierbeziehung oder konventionellen Familie bei ihnen negative Affekte wie Langeweile, Frustration oder das Gefühl des Eingeengtseins hervorruft. Ihre Vorstellungen richten sich vielmehr auf ein Leben in einer größeren Gemeinschaft von mehreren Paaren, die untereinander gute persönliche Beziehungen unterhalten. Die Verantwortung für die Erziehung von Kindern sollte dabei von mehreren Personen geteilt werden.

Die Drehpunktperson hat sich in ihren Neigungen, ihrem Sehnen und Fühlen aus den vorgeschriebenen Bahnen der Erwartungen der Autoritäten bereits herausgedreht. Andererseits steckt sie aus der Notwendigkeit der Existenzsicherung noch in vielen eingefahrenen Schienen des Establishment. Dieser Widerspruch ist erträglich, wenn er von anderen mitgetragen wird und bewußt bleibt, nicht handlungsunfähig macht.

Die Drehpunktperson kann resignieren, sie kann egoistisch werden, sie kann aber auch mutig bleiben. Das breite Spektrum ihrer Möglichkeiten ist in dem folgenden Modell dargestellt. Die Drehpunktperson nimmt dabei zwischen den Polen Selbstbewußtsein, Unangepaßtheit und Leistungsorientierung den größten Raum ein. Vor allem sie ist es, die neben den »Spontis« am ehsten den Schritt in das Ungewöhnliche wagt, um dabei das für sie Mögliche zu erkennen. Daß das Ungewöhnliche historisch und gegenwärtig eigentlich immer möglich gewesen ist, sollen die historischen und gegenwärtigen Beispiele der Versuche, anders zu leben, zeigen.

Einordnung der Drehpunktpersonen in ein Persönlichkeitsmodell

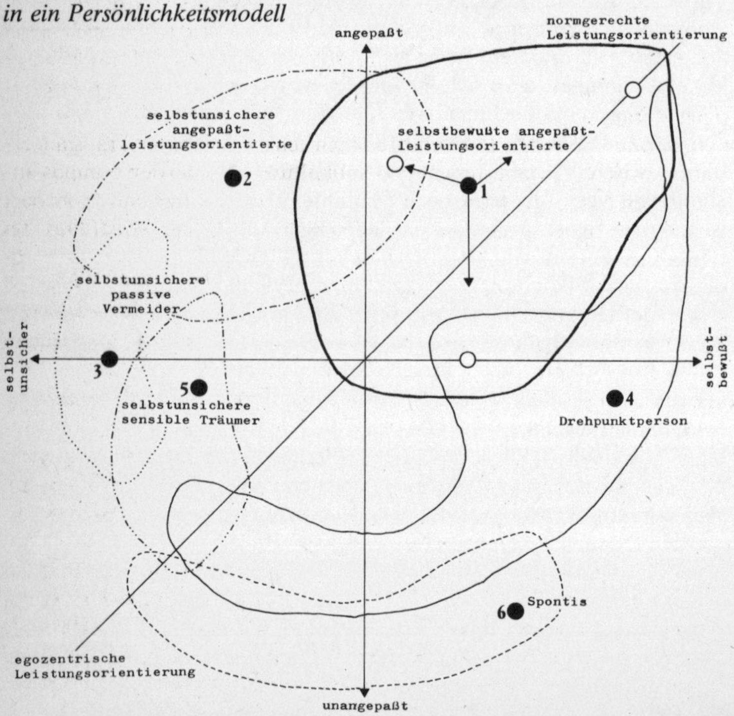

2. Verarbeitung von Alltagserfahrung

Drehpunktpersonen ziehen sich durch die historischen Verläufe, sie tänzeln um historische Brennpunkte herum, leiten die Veränderung von Realität ein. Sie sind zeitlos, da es sie zu jeder Zeit gegeben hat. Ihr Alltag, ihre materielle und kulturelle Umgebung unterschied sich nur von der gegenwärtigen Situation.

Die Drehpunktpersonen in der Zeit vor 1848 sind bei den utopischen Sozialisten zu finden, die die Flut historischer Kommunegründungen in USA initiierten. Sie bewegten sich in den europäischen Salons und hießen Villon, Marlowe und E.T.A.Hoffmann. E.T.A.Hoffmann hätte jedem »Punk« der Neuzeit zur Ehre gereicht mit exzentrischer Kleidung, langem Haar und grüner Gesichtsfarbe. Die Boheme war in jener Zeit die Durchgangsstation zur Vermischung mit Staat und Bürgertum oder zur endgültigen Verarmung.

In der Zeit zwischen 1848 und 1871 wirken die Salons als Transmitterstation zwischen Establishment und Subkulturen. Es gab den pompös unpolitischen Salon der Prinzessin Mathilde, in dem Liszt und Goncourt verkehrten. Bei Madame Adam finden sich sowohl der Mitstreiter der Commune 1871 Vallés wie Mirabeau ein, eher politisch-literarisch aggressiv geht es bei Marie d'Agoult zu, wenn Richard Wagner, Heinrich Heine und Bakunin im Hause sind. Die politischen Umstürzler und Avantgardisten Gambetta, Degas, Zola treffen sich frei von jeder Etikette bei Nina de Villard.

Nach 1871 favorisieren die politisierenden Bohemiens radikale und revolutionäre Bewegungen, sind selbst jedoch individualistische oder ultralinke Abweichler. Der Anarchismus, in seinen Ausprägungen utopisch, spiritualistisch, humanistisch, pazifistisch und antiindustriell, kommt am stärksten ihren Tendenzen entgegen.

Diese Bewegungen resultierten zu einem wesentlichen Teil immer aus einer Verarbeitung von Alltag, der den Drehpunktpersonen in der angebotenen Form zu dürftig, zu leer, zu unbestimmt, zu sinnlos war. Wenn auch Alltag immer einen kulturell definierten Ort darstellt, so soll er hier als Versuch gesehen werden, Sinn herzustellen. Die Gedanken, die sich hier mit Alltag beschäftigen, sollen deshalb nicht lediglich bei der theoretischen Rekonstruktion der konkreten, realen Welt stehen bleiben, sondern sie sollen vor allem die konkrete Welt selbst durchsichtig machen.

Was heißt nun aber konkrete Welt? Wirklichkeit ist zerbrechlich. Wie zerbrechlich, ist immer dann erfahrbar, wenn eine der unausgesprochenen Regeln, die für das Alltagsleben bestimmend sind, übertreten werden. Durch den Übertritt wird die Regel erst als Regel bewußt. Der Fahrstuhl wird in aller Regel als Transportmittel gesehen, die Menschen in ihm fühlen sich befördert und verhalten sich deshalb zumeist wie sprachlose Güter. Ein Lächeln, ein Wort verändert die Situation. Der Fahrstuhl wird zum kommunikativen Ort, Schamschwellen, Zäune, Barrieren werden berannt und schaffen Unsicherheit.

Diesen vor uns selbst verheimlichten Mechanismen steht die praktizierte Sozialwissenschaft mit einem Wissenschaftsapparat gegenüber, in den Lächeln im Fahrstuhl nur schwer am richtigen Platz einzuordnen ist. Sinnvoll eingeordnet werden können Alltagshandlungen in ihrer Bedeutung eigentlich nur von dem Wissenschaftszweig, der sich gerade die Untersuchungen der Alltagshandlungen zum Gegenstand erkoren hat, der Ethnomethodologie. Der Amerikaner Garfinkel, der diesen Begriff prägte, hat einmal gesagt, *»uns beschäftigt, wie die Gesellschaft zusammengefügt wird; das Wie-es-gemacht-wird; das Wie-es-zu-machen-ist; die sozialen Strukturen der Alltagshandlungen.«*

In der Ethnomethodologie werden Handlungen nicht wie im Behaviorismus als Reflexe gesehen, die durch einen Reiz-Reaktions-Mechanismus bedingt werden. Handlungen sind auch nicht das Resultat der Verhaltenserwartungen der Umwelt wie im strukturellen Funktionalismus, sondern sie verfolgen den Zweck, das Alltagsleben durchschaubarer zu machen, es zu ordnen, es zu verstehen und ihm einen Sinn zu geben.

Wichtig für die ethnomethodologische Analyse ist somit der subjektive Aspekt von Realität. Alltagsbewußtsein wird damit jeweils zum individualisierten Ausdruck einer allgemeinen und öffentlichen Erfahrung. Diese Erfahrung ist nun nicht ein isoliertes Erlebnis. Die Lebenswelt, in der sich Menschen bewegen, ist eine Wirklichkeit, die durch die Handlungen anderer Menschen mitgestaltet wird. Handlungen verändern sich in ihrem Ziel, gewinnen neue Aspekte, wenn durch eine aktuelle Erfahrung alte Verhaltensmuster sich als überholt erweisen. Reichen die Typisierungen und Erklärungen, die das Individuum zur Verfügung hat, nicht mehr aus, dann können Individuen wegen der neuen und abweichenden Erlebnisse zu einer Neuauslegung der Realität schreiten.

Diese Neuauslegung muß zwangsläufig als sinnvoll erfahren werden. Sinnvoll wäre etwas dann, wenn es das Resultat der subjektiven Auslegung vergangener Erlebnisse ist, die durch eine aktuelle Situation und durch ein aktuell gültiges Bezugsschema neu und kritisch interpretiert werden.

Die Wichtigkeit von Ereignissen und Bedingungen, die sich in der Erinnerung an die jeweils subjektive Vergangenheit, an vergangene Entscheidungen oder begonnene Handlungen herausgebildet hat, schließt sich zu einem zwar nicht wirklich einheitlichen, aber einheitlich erscheinenden Plansystem zusammen. Die unterschiedlichen Anforderungen und Ausformungen im eigenen Lebensverlauf können auf diese Art und Weise als selbstverständlich erfahren werden. Das Plansystem könnte deshalb auch als jeweils individueller Bezugsrahmen, als jeweils individuelle Überlebensstrategie bezeichnet werden. Im positiv verlaufenden Fall baut sich somit das »Selbst« seine Identität durch Reflexion und solidarische Kritik auf.

Mit dem Begriff der Identität wird ein Schlüsselwort der Bewegung zu neuen Lebensformen angesprochen. Die Vorstellung der Pädagogen und Entwicklungspsychologen geht dahin, daß bis zum 25. Lebensjahr die Identitätsbildung vollzogen ist. Das Ich sollte bis dahin wesentliche Schritte in Richtung auf eine greifbare Zukunft gemacht haben und sich zu einem definierten Ich innerhalb einer definierten Umwelt entwickelt haben.

Wie schon die Formulierung Vakuum-Neurose zeigte, ist das heute jedoch für einen beträchtlichen Teil der Gesellschaftsmitglieder nicht möglich. Sie erfahren durch das Angebot an Möglichkeiten in dem bestehenden System lediglich eine Unterdefinition ihrer eigenen Identität. Sie kochen auf halber Flamme und geraten nur selten ins Brennen.

Die Drehpunktperson dagegen scheint sich auf einen entwicklungsfähigen Weg aus diesem Dilemma begeben zu haben. Sie ist in ihrer sozialen Orientierung noch so offen, daß sie das Verständnis von Identität, wie es Adorno hatte, verwirklichen könnte. Er wollte nicht, daß man mit der Vorstellung einer fest umrissenen Identität im Kopf herumläuft, sondern das Potential der Handlungsmöglichkeiten sollte immer gewahrt bleiben. Nicht von ungefähr ist in den letzten Jahren das Konzept der »Proteischen Persönlichkeit« aufgekommen, die durch das Spiel mit ihrer eigenen Veränderung die Initiative behält und sich nicht vereinnahmen läßt.

3. Wandlung von Alltagserfahrung und kultureller Wandel

Die Einheit zwischen Lebensform und Alltagserfahrung wieder herzustellen, ist das Anliegen all derer, die mit neuen Lebensformen experimentieren. Sie sind Zeugen der kulturellen Windstille gewesen, die in der Wiederaufbauphase Nachkriegsdeutschlands sich auf Leben und Gemüt legte. Seitdem hat sich ein deutlicher Wandel in den Elementen der Sozialstruktur vollzogen.

Dieser Wandel ist – und darin herrscht weitgehend Übereinstimmung bei den Theoretikern des Sozialen Wandels – vorangetrieben worden durch soziale Spannungen, technische Innovationen, wirtschaftliche Strukturveränderungen, normative Einflüsse und politische Entscheidungen der Adenauer-Strauss-Wuermeling-Ära.

Sozialer Wandel kann verschiedene Ausformungen annehmen. Er kann sich als Innovation, Evolution, Rückzug, Protest, Reform und Revolution äußern. Diese Äußerungsformen können phasenmäßig verschieden in den einzelnen Subgruppen der Gesellschaft auftreten.

Ich will es mir an dieser Stelle nicht nehmen lassen, einige der Formen des sozialen Wandels der letzten Zeit hier aufzuführen: Liberalismus, Chinesische Revolution, Populismus, McCarthyismus, Pan-Afrikanismus, Friedensbewegung, Technokratismus, Messianismus, Zionismus, die Freie Liebe-Bewegung, die Neue Rechte, die Neue Linke, Die Natürliche-Geburts-Bewegung, Surrealismus, Feminismus, Freudianismus, Progressivismus, Neorealismus, Medienrevolution, kybernetische Revolution und die Anti-Atomstaat-Bewegung. Die Liste ist mit dieser Aufzählung sicher nicht erschöpft, sie macht nur deutlich, daß sozialer Wandel ein vielschichtiger und permanenter Prozeß ist.

Gruppiert man diese Vielzahl der Bewegungen, so ist es möglich, von acht zentralen Wandlungsprozessen seit der Industrialisierung zu reden: Im wissenschaftlichen Bereich von der Einsteinischen (1905), der Freudianischen (1920) und der Keynsianischen Revolution (1930); den demografischen Revolutionen des 20. Jahrhunderts; den politischen Revolutionen (kommunistisch 1917, totalitär 1933); und den nationalen Befreiungsbewegungen (seit 1945); sowie der ebenfalls seit 1945 andauernden kybernetischen Revolution und der Environmentalistischen

(Umwelt)-Revolution, die mittlerweile seit dem Jahre 1960 im Gange ist.

Alle diese Bewegungen dürften in mehr oder minder großem Umfang Einfluß auf den Wandel von Familienstrukturen gehabt haben. Welche Faktoren für die Veränderung des Alltagslebens innerhalb der Familien maßgebend gewesen sind, möchte ich im folgenden aufzählen:

a der zunehmende Wohlstand und die Ausdifferenzierung zu einer Wohlstandsgesellschaft, die durch hohe Arbeitsteilung, soziale Differenzierung, zunehmende Verstädterung und Perfektionierung des Kommunikationssystems gekennzeichnet ist. Vor allem bei den kriegsführenden Nationen stellen der bauliche und industrielle Wiederaufbau sowie die Motorisierung der Bevölkerung die beiden Innovationsschübe dar, die zur Wohlstandsgesellschaft überleiten.

b die zunehmende Verfügbarkeit von Einkommen, vor allem bei Frauen und Jugendlichen, sowie das Anwachsen von Freizeit. Gegenläufig dazu ist die Tendenz, daß die Erziehung von Kindern immer teurer wird.

c eine – vor allem in Deutschland – immer bessere Bildung und Ausbildung von Männern und Frauen, die sich z. B. daran ablesen läßt, daß die Anzahl der Studenten von 370000 im Jahre 1968 auf 880000 im Jahre 1976 angestiegen ist. In dem relativ kleinen Zeitraum von vier Jahren stieg darüber hinaus der weibliche Anteil an Studenten auf 33,9 im Wintersemester 1976/77. Mit der Ausdehnung des Bildungsprozesses ging einerseits eine längere Freistellung vom Produktionssektor einher und andererseits eine stärkere Motivation zur Arbeit bei Frauen.

d die sexuelle Revolution und die weitgehende Verbreitung von Antikonzeptionsmitteln. Shorter spricht in diesem Zusammenhang von der sexuellen Revolution in zwei Schritten. Eingeleitet wurde sie durch den Beginn vorehelichen Verkehrs am Ende des 18. Jahrhunderts, dem seine Generalisierung in den 50er und 60er Jahren dieses Jahrhunderts folgte.

e der Entwicklung einer Ethik der Selbstverwirklichung. Aus der Freistellung, die sich durch die genannten Prozesse ergab, war es nun verstärkt möglich, psychologische Funktionen, die sich in verstärkten Erwartungen und Bedürfnissen der Bevölkerung äußerten, über die sozialen und ökonomischen Funktionen der Familie zu stellen. Die familialen Rollen von Männern und Frauen bewegen sich aufeinander zu, die Machtverteilung innerhalb der normalen Kleinfamilie wird gleichgewichtiger. Diese hier im großen Rahmen dargestellten Tendenzen fanden ihren Niederschlag in den Formen und Strukturen der Familie.

f Rückgang des Bevölkerungswachstums. Nach einer Schätzung des Statistischen Bundesamtes wird bei einer Beibehaltung des Trends die bundesdeutsche Bevölkerung um fast 3 Millionen bis zum Jahre 2000 zurückgegangen sein.

g Ein bedeutsamer Wandel vollzog sich auch in der Zusammensetzung

innerhalb der Alterstruktur. Betrug im Jahre 1972 die Gruppe der 30-35jährigen 8,5 % der Gesamtbevölkerung, so umfaßte damals die Gruppe der 15-30jährigen nur 19,5 %. Wenn man diese Zahlen statistisch weiterentwickelt, dann wird sich das Verhältnis eindeutig zugunsten der jüngeren verbessern. 1987 wird die Gruppe der 30-35jährigen 6,7 % und die Gruppe der 15-30jährigen 23,1 % betragen.
Allein aus dieser Alterstruktur läßt sich ablesen, daß die Gruppe der unter 30jährigen im Jahre 1972 in besonderem Maße für dynamische Entwicklungen präpariert ist. Für diese Gruppe waren die beruflichen Realisierungsmöglichkeiten in herkömmlichen Karrierekanälen allein aus dem Grund stark beschnitten, weil 5,2 Millionen Jungdreißiger die besten Positionen bereits besetzt hatten:

Jahr	*Alter*			
	15-20	20-25	25-30	30-35
1972	4118*	4117	3860	5139
1978	4732	4138	4129	3784

* Bevölkerung in 1000

h Rückgang der Geburtenrate. Von 1966 bis 1975 sind die ehelichen Geburten um 43,7 %, die nichtehelichen Geburten um 22,9 % zurückgegangen. Dieser Rückgang wird dabei weniger von demografischen Komponenten bestimmt, sondern stärker von einem veränderten Verhalten dem Gebären gegenüber. Besonders deutlich wird die Kinderbeschränkung bei dem Wunsch nach mehr als zwei Kindern. So betrug der Rückgang für dritte Kinder 57,1 % und für vierte und weitere Kinder sogar 63,4 %.

i Die weiterhin fortschreitende Verstädterung hatte ebenfalls einen bedeutenden Einfluß auf die Geburtenrate. So betrug die Nettoreproduktionsrate bei Geburten für städtische Gebiete 0,59, in ländlichen Gebieten lag sie bei 0,82.

k Auch die Anzahl der Eheschließungen ist zurückgegangen. Seit 1962 ist zu beobachten, daß mit dem Rückgang der Eheschließungen die Häufigkeit der Scheidungen ansteigt. In der nachstehenden Tabelle ist diese Entwicklung für einen Zehnjahreszeitraum festgehalten worden:

Jahr	*1965*	*1976*
Eheschließung	492*	366
Ehescheidung	59	108

* in 1000

Bis zu der Marke von 10 % fiel der Anteil der Ledigen bislang in einer steilen Kurve nieder. Auch der Verlauf dieser Funktion hat sich abgeflacht. War diese Marke 1970 bei den 30jährigen erreicht, so wird sie jetzt erst bei den Männern im Alter von 40 Jahren getroffen.

l Rückgang der Haushaltsgröße. Die mittlere Haushaltsgröße geht kontinuierlich seit 1871 von 4,63 statistischen Personen auf 2,61 statistische Personen im Jahre 1974 zurück. Mit dieser Entwicklung (wie auch mit all den anderen bereits geschilderten) steht nun die BRD nicht allein auf weiter Flur. Während die Haushaltsgrößen auf den anderen Kontinenten durchschnittlich zwischen vier und sechs Personen schwanken, ist in Europa folgende Entwicklung zu beobachten:

Nation	*Jahr*	*HHG*	*Jahr*	*HHG*
Niederlande	1956	3.7	1971	3.2
Portugal	1960	3.9	1970	3.7
Schweiz	1960	3.3	1970	2.9
Finnland	1960	3.3	1970	3.0
Dänemark	1960	3.0	1970	2.7
BRD	1960	2.9	1974	2.6
Italien	1961	3.6	1971	3.3
Österreich	1961	3.0	1971	2.9
Griechenland	1961	3.8	1971	3.3
Frankreich	1962	3.1	1975	2.9

m Das Anwachsen der Einpersonenhaushalte. In dem gleichen Zeitraum von 1871 bis 1974 wuchs der Anteil der Einpersonenhaushalte von 6,2 % auf 27,2 %. Gegenwärtig leben 10,5 % der Bevölkerung in Einpersonenhaushalten.

Die Bewohner dieser Haushalte waren zu 9 % unter 25 Jahren alt, zu 17 % zwischen 25 und 44 Jahren alt, zu 28 % zwischen 45 und 65 Jahren alt und zu 46 % über 65 Jahre alt. Diese Entwicklung in der BRD deckt sich sehr stark mit der Entwicklung in den USA.

Nach Jessie Bernard wuchs zwischen 1960 und 1966 der Anteil der Haushalte mit nichtverwandten Personen viermal schneller als der von Familienhaushalten.

7,3 % der Frauen, 8,1 % der Männer, die allein standen,
5,4 % der Frauen, 25,6 % der Männer, die getrennt lebten,
6,1 % der Frauen, 17,8 % der Männer, die geschieden waren,
wohnten 1974 in den USA mit nicht verwandten Personen zusammen.

Ausgehend von diesen Entwicklungslinien kommen nun amerikanische Demografen wie Francis Kobrin zu dem Schluß, daß die Kernfamilie in der Zukunft immer stärker in eine Marginalposition hineingedrängt werden wird. Ich bin mit meiner Beurteilung dieses Wandels der Familienformen etwas zurückhaltender.

Nahegelegt wird diese Ansicht durch einige deutsche Untersuchungen zu diesem Thema. So hat die Gesamthochschule Kassel, die im Bereich der Untersuchung alternativer Projekte ohnehin sehr aktiv ist, festgestellt, daß die erstrebenswerteste Familienform immer noch die Kleinfamilie ist. Für die in einem Interview befragten Personen war die ideale Form des Zusammenlebens in der Zukunft ein Ehepaar mit zwei Kindern in einer 4-Zimmer-Eigentumswohnung am Stadtrand. Doch damit nicht genug, die Ausstattung, in der sich diese Familie bewegt, wirkt ebenfalls wie die moderne Vision des Schlaraffenlandes. Koch- und Haushaltsmöbel sollen mit Rollen versehen leicht transportabel sein. Flexible Wände und Versorgungsleitungen sollen beliebige Raumveränderungen ermöglichen. Die Materialien der Wände und Fenster sollen Heizelemente mit Temperaturreglern enthalten und neuartige Kommunikationsgeräte allen Familienmitgliedern zur Information und Unterhaltung dienen.

Da diese Vision des Familienlebens für einen wesentlichen Teil der Bevölkerung eine möglicherweise nicht zu realisierende, aber angenehme Zukunftsvorstellung sein dürfte, wird die Kleinfamilie sicherlich immer in ausreichender Anzahl vorhanden sein. Andererseits ist aber aus den Trends, die vorhin aufgezählt worden sind, zu entnehmen, daß die anders organisierten Formen des Zusammenlebens vorerst weiterhin zunehmen werden.

Welche Bedeutung hat nun dieser Trend für den Hauptstrom der gesellschaftlichen Entwicklung? Stellt er überhaupt eine Komponente eines allgemeinen sozialen Wandels dar oder ist er nur das typische Verhalten einer kleinen Subgruppe?

Ich glaube, daß man in der Beantwortung dieser Frage eindeutig von einem allgemeinen sozialen Wandel ausgehen muß. Der Amerikaner Ramey geht z.B. davon aus, daß dann ein allgemeiner sozialer Wandel eingetreten ist, wenn Neuerungen, Innovationen von 7-10 % der Bevölkerung übernommen worden sind.

Wenn dieses Niveau erreicht worden ist, dann akzeptiert und übernimmt die Mehrheit der Bevölkerung innerhalb weniger Jahre die spezifischen Verhaltensweisen, die möglicherweise jahrelang zuvor das Verhalten einer kleinen Minderheit gewesen sind. Ein undramatisches Beispiel dafür ist in der Verwendung von Setzkästen zu sehen. Ende der sechziger Jahre wurden die meisten Druckereien umgestellt und Schränke mit Schubladen, in denen die Druckbuchstaben aufbewahrt wurden, aus dem Betrieb gezogen. Diese Setzkästen tauchten zögernd auf den Flohmärkten auf und wurden für ca. DM 50,– pro Stück verkauft. Die Käufer, meistens Studenten, hingen sich die Setzkästen an die Wand und richteten in ihnen kleine Hausaltärchen mit persönlichen Erinnerungsstücken ein. Besucher kamen, sahen das, und hatten bald darauf auch ihren Setzkasten an der Wand. Zwei Jahre nach dem ersten Auftauchen der Setzkästen auf den Flohmärkten gab es in den großen Kaufhäusern aus Holz und Plastik in den verschiedensten Formen und Anordnungen imitierte Setzkästen zu kaufen und dazu wurde auch gleichzeitig das Inventar geliefert, kleine Messingkännchen, Töpfe, Kerzenständer usw.

Dieser Mechanismus ist bekannt, er wird zur Lancierung eines neuen Produktes permanent in den Marketing-Abteilungen der Industrieunternehmen oder der politischen Parteien benutzt. Will ich ein neues Produkt verkaufen, einen neuen Lebensstil in die Welt setzen, dann muß er zuerst von Meinungsführern angenommen werden. Das wird um so leichter und schneller geschehen, je stärker mein Produkt oder eine bestimmte Verhaltensweise ein reales Bedürfnis in der Bevölkerung abdeckt.

Werden die genannten 7-10 % von den neuen Lebensformen nun in der Bevölkerung erreicht? Da keine offiziellen Statistiken zu diesem Bereich vorliegen, nach denen man genaue Berechnungen anstellen konnte, muß man sich mit Annäherungswerten begnügen.

Der Amerikaner Marvin Sussman hat für die Vereinigten Staaten 1972 eine solche Schätzung vorgenommen. Die einzelnen Formen des Zusammenlebens hat er dabei in acht verschiedene Typen unterteilt und folgende Prozentwerte ihrer Häufigkeit in der Gesamtbevölkerung errechnet:

Zweierbeziehung, in der eine Person berufstätig ist	4 %
Zweierbeziehung mit zwei Berufstätigen	11 %
Ehepaar mit Kind, in dem eine Person berufstätig ist	30 %
Ehepaar mit Kind(ern), in denen beide Eltern berufstätig sind	14 %
Personen, die geschieden waren und wiederverheiratet sind	15 %
Einzelpersonen mit Kind(ern)	13 %
andere traditionale Formen	5 %
experimentelle, alternative, neue Lebensformen	8 %

In dieser Form lassen sich die durch die Statistik erhobenen Informationen über die Art des Zusammenlebens für Deutschland nicht aufschlüsseln. Eine Schätzung kann jedoch auf folgendem Weg vorgenommen werden:

Ehepaar + Kind	Ehepaar ohne Kinder	Alleinsteh. ohne Kinder	Alleinsteh. + Kind
47 %	31 %	15 %	7 %

Diese Zahlen sind auf die *erwachsene* Gesamtbevölkerung prozentuiert. Nimmt man die Gesamtbevölkerung mit Jugendlichen und Kindern, dann verringert sich die Prozentzahl für die alleinstehenden von 22 % auf 19 %. In diesen 19 % sind nun 1-2 % unverheiratet Zusammenlebende enthalten und etwa 0,3 % für Wohnkollektive.

Man könnte also auch quantitativ von einem massiven sozialen Wandel sprechen, der sich in einer starken Umstrukturierung der Verteilung der Familienformen niedergeschlagen hat.

Wie man an den ausgeführten Belegen sehen konnte, sind der Prozeß des generellen gesellschaftlichen Wandels und der des Wandels der Familienformen eng ineinander verwoben.

Die traditionale Kleinfamilie ist von den Anforderungen, die der gesellschaftliche Wandel an sie stellt, vorerst überfordert. Sie hat sich noch nicht so umgestellt, daß sie die anfallenden kompensatorischen Bedürfnisse ihre Mitglieder erfüllen kann. In einer Untersuchung des Deutschen Jugendinstitutes, die für den Zweiten Deutschen Familienbericht der Bundesregierung durchgeführt wurde, ist sehr schön zu erkennen, wie die Familienmitglieder von der Familie zwar Gemeinsamkeit, enge und dichte Bindung erwarten, sich aber gleichzeitig durch diese Bindung auch beengt und eingeschränkt fühlen.

Aus dieser Konstellation heraus verwundert es deshalb nicht, wenn selbst Bundespräsident Scheel in seiner Neujahrsrede 1978 als das große Problem der Kleinfamilie deren Isolation nennt.

Auch aus meinen Daten, die ich in zwei Repräsentativuntersuchungen zu Konflikten in der Familie erhoben habe, gehen die bereits angesprochenen Probleme hervor. Nach den Aussagen der befragten Personen entstehen die meisten Konflikte im Familienalltag durch Unterdrückung und Gleichgültigkeit des Ehepartners, durch unterschiedliche Routinehandlungen, mit denen man den Alltag bewältigt, durch finanzielle Probleme, durch den Gebrauch von Genußmitteln und durch gegenseitige unkontrollierte Aggressionen, die auch in Handgreiflichkeiten ausarten können.

Die Familie, die auf der Harmonie eines gemeinsamen Werte- und Glaubenssystems aufgebaut ist, ist eine Rarität, wenn nicht gar eine Fiktion. Die Ausführungen von Psychoanalytikern und -therapeuten wie Horst Eberhardt Richter oder Jürg Willi, Ronald Laing oder David Cooper belegen das sehr überzeugend.

Die Schlußfolgerungen, die daraus gezogen werden, sind die, daß es wichtiger ist, ein ausgehandeltes Verhaltensmuster bei der Behandlung von Unterschieden zu haben als ständig einer Harmonievorstellung hinterherzuhecheln. Eine Ehe- oder Familienbeziehung wird wahrscheinlich nur dann stabil bleiben, wenn die gegenseitigen Unterschiede in der Persönlichkeit, im Alltagsleben erkannt, besprochen und toleriert werden.

Wenn man von Familie spricht, sollte man deshalb an ein Konfliktsystem denken, das von den Ehepartnern (und später dann auch von den

Kindern) mit einem verbindlichen Rahmen versehen werden muß. In diesem Rahmen müssen gegenseitige Typisierungen, Bedeutungsgehalte und Kommunikationsmuster ausgehandelt werden. Bei diesem Prozeß des Aushandelns entsteht Identität, Identitätsbildung der jeweils beteiligten Personen sowie der Beziehung als solcher. Zum Ehepaar wird man nicht durch den Trauschein, zum Paar wird man nicht durch die Tatsache der gemeinsamen Wohnung, sondern dadurch, daß man sich in einer Beziehung zu Hause fühlt, angenommen weiß, verstanden wird und das Bewußtsein einer gemeinsamen Geschichte hat.

Eine Beziehung, die die Ausbildung von Identität gewährleisten soll, braucht deshalb Autonomie. Die Beziehungspartner müssen in ihrem Handeln selbständig und autonom sein, was durch eine Stabilisierung von Rollenstereotypen verhindert wird. Die Stabilisierung von Rollenstereotypen besteht darin, daß Rollen und Verhaltenserwartungen festgelegt werden, Konfliktthemen ausgespart werden, legitimierendes und bestätigendes Verhalten verstärkt wird, dritte Bezugspersonen ausgeschlossen werden, Privatheit tendenziell verhindert wird, um die Beziehungsdefinitionen nicht zu verändern. Identität dagegen erfordert die gleiche Chance der Entwicklung, Privatheit und Rückzug, um über die Beziehung nachzudenken, sie zu reflektieren, den Verzicht auf Rollenfestlegung und die Möglichkeit, die Beziehung auf Dritte zu erweitern.

Nun sind das Anforderungen, die zwar theoretisch den Erfolg einer Beziehung möglich machen, in ihrer praktischen Realisierung jedoch sehr viel Anstrengungen und ein hohes Maß an Toleranz und Ehrlichkeit erfordern. Diese Voraussetzungen waren in den 50er Jahren nicht gegeben. Wie sollte man, erschüttert vom Krieg, berieselt von Kitsch-Filmen wie zum Beispiel von »Rosen-Resli«, den Weg zu einer bewußt gelebten Beziehung finden? Das bewirkte aber andererseits, daß zu der damaligen Zeit eine Gruppe von Protagonisten eine *Unter*definition von Identität erfuhr. Für sie gab es keine Motivation, ihr Leben so zu gestalten, wie es in den damals existierenden Familienstereotypen und Gesellschaftsstereotypen vorgelebt wurde.

Die Widersprüche des Familienlebens wurden gerade den besonders gut ausgebildeten Mitgliedern der Großbourgeoisie bewußt. Die Mehrzahl der studentischen Protestler, der Hippies, der Kommunarden, der Anhänger der Encounterbewegung und der Leute, die sexuell experimentierten, kam deshalb aus der Mittel- und Oberschicht.

Diese Suche setzte zu einem Zeitpunkt ein, da der Zusammenhang zwischen ökonomischer Expansion, gewaltsam hergestellter politischer Hegemonie, sozialem Konformismus und außengeleiteter Konsummotivation als System erschienen, das jede Äußerung individueller Spontaneität zugunsten einer angepaßten, integrierten, leistungsbereiten Identität zu verdrängen drohte, die über den nötigen »Biß« verfügt.

Gesellschaftliches Leben und die Interpretation sozialen Wandels wurde von dieser Gruppe gesellschaftlicher Protagonisten jedoch unter einer anderen Perspektive vorgenommen. Für sie wurde der soziale Wandel negativ bestimmt durch:

- 1. Störung der Ordnung durch Heuchelei, Korruption und Krieg,
- 2. durch Armut mitten im Überfluß,
- 3. unkontrollierte Technik und Verwüstung der Umwelt,
- 4. Aushöhlung der Menschenrechte,
- 5. Sinnentleerung der Arbeit und Kultur,
- 6. Fehlen von Gemeinschaftssinn,
- 7. Verlust des eigenen Ichs.

Doch diese Analyse hatte noch nicht den Charakter einer Massenbewegung, sondern blieb auf esoterische Zirkel beschränkt. Unter den Beatniks kreisten die Schriften von Jack Kerouac, Allen Ginsberg, C.W. Mills und Herbert Marcuse.

Man sah sich verstanden, in dem Wort Célines: »Je pisse sur tout d'une grande hauteur.« Die Lebensvorstellung war die lockere Verbindung des Stammes (»tribe«), weniger die der »community«, da die Gemeinschaft schon zu viele Bindungselemente enthielt.

In der Mitte der sechziger Jahre war zu beobachten, daß das, was Rimbaud 1870 in seinem Gedicht »La Bohème« als Einzelerscheinung beschrieben hatte, mittlerweile ein Massenphänomen geworden war.

Den impulsiven Widerstand, den die Gammler gegenüber dem gesellschaftlichen System demonstrierten, erweiterten die Provos zu bewußter und rationaler Verweigerung. Viele Provos lebten zu Gruppen von durchschnittlich drei bis zwölf Jungen und Mädchen in Häusern und Wohnungen (Provo-Kommunen) zusammen. Allgemeinhin waren die Provos zwischen 16 und 25 Jahren alt, was nicht ausschloß, daß vor allem in Amsterdam 50-60jährige Provos der Bewegung angehörten.

Die Hippies – Mitte der sechziger Jahre – waren dann die eigentliche innovative Mittelklassensubkultur. Sie halfen einem ganzen quasi-bohemian subkulturellen Milieu seine eigene Existenzberechtigung zu finden, und zwar durch Kleidung, Musik, Verhalten (Love-Ins, Smoke-Ins, Be-Ins). Während dieser Zeit entstanden Großkommunen, eigene Film- und Fernsehproduktionen, neuartige Pop- und Jazzgruppen, Gegenuniversitäten, freie Versorgungsstätten.

Die sich in Heads, Freaks, Yippies und Street People fragmentierende Hippiekultur bestimmte das drop out/turn on-Verhalten und den Drogenkonsum in der nachfolgenden Phase. Diese Entwicklung kreuzte sich mit der von Marcuse, Mills und den Bürgerrechtsbewegungen herkommenden studentischen Protestbewegung und den Formen radikaler Sozialarbeit. Zu einer partiellen Fusion kommen diese Strömungen in den

Jahren zwischen 1966 und 1970. Die Entwicklung ist gestrafft auf dem nachstehenden Zeitdiagramm wiedergegeben.

50-59	60-65	66	67	68	70-76
Beatniks Teddy Boys Rocker	Mods SDS Gammler	Provos Hippies Diggers Krishna	Studenten- bewegung Kommune I Black Pan- thers	Skinheads Yippies Children of God Frauen- bewegung	RAF K-Gruppen Spontis Bürgerinit. Landkommune Stadtindian Encounters

Kam diese Entwicklung für die meisten Jugendsoziologen auch sehr überraschend, so sind sie sich doch in einem Punkt einig: das Auftauchen von Jugendbewegungen in fortschrittlichen Gesellschaften verweist auf einen tiefgehenden gesellschaftlichen Wandel, den Wandel von der industriellen zur postindustriellen, postmodernen Gesellschaft.

Denn diese Entwicklung reflektierte ja nicht nur die Situation der Jugendlichen, sondern sie waren lediglich die Protagonisten, die Vorreiter. Ihre innovativen Impulse führten unter anderem zu der gegenwärtigen Verteilung der Familienformen.

Der Amerikaner Gottschalk konstatierte deshalb: »Wir sind auf dem Sprung in ein neues Zeitalter!« Dieses neue Zeitalter ist für ihn »the Age of Retrenchment«. In diesem neuen Zeitalter wird die westliche Zivilisation nicht nur tiefgreifende Veränderungen in Technologie und Arbeit erfahren, sondern auch in ihrer sozialen und politischen Organisation sowie der psychologischen Verfassung der Menschen.

Mit dieser Annahme steht Gottschalk nun nicht allein. Lediglich der amerikanische Futorologe Hermann Kahn vom Massachusetts Institute of Technology blickt ungebrochen optimistisch in die Zukunft. Er sieht nicht Grenzen des Wachstums, wie sie in der (methodisch zwar nicht sauberen) Arbeit des Club of Rome angedeutet werden. Die Technik der Prognostik ist noch nicht soweit entwickelt, daß man diese Frage seriös beantworten könnte. Dennoch scheint mir eins sicher zu sein: das Wachstum kann nicht mehr lediglich quantitativ am Zuwachs des Bruttosozialproduktes gemessen werden, sondern muß sich qualitativ orientieren.

Techno-ökonomische Beschränkung, ein Verhalten, das von Lernbereitschaft geprägt ist und die Überwindung des psycho-sozialen Existenzminimums sind dabei offensichtlich die Maximen, die für die Zukunft verstärkt Geltung haben werden. Gronemeyer beschreibt diese Tendenzen als

Wiederentdeckung selbstbestimmter Identität und selbstorganisierter

Lebenszusammenhänge,

die Wiederbelebung an Selbstbestimmung orientierter Potentiale wie den europäischen Regionalismus,

innovative Modelle von Selbstbestimmung und Selbstorganisation wie Landkommunen oder Senior Power (die grauen Panther, wie sie in den USA genannt werden).

E. F. Schumacher hat dieses Phänomen als die Rückkehr zum menschlichen Maß bezeichnet. Kennzeichnend für diese Position ist folgendes Zitat:

»*Was heißt denn Demokratie, Freiheit, Menschenwürde, Lebensstandard, Selbstverwirklichung, Erfüllung? Geht es dabei um Güter oder um Menschen? Selbstverständlich geht es um Menschen. Doch Menschen können nur in kleinen überschaubaren Gruppen sie selbst sein.*« (E.F. Schumacher, Die Rückkehr zum menschlichen Maß, Rowohlt, Hamburg-Reinbeck, 1977, S. 67).

Diesen Bezug auf den Menschen und auf die Sinngebung seines Daseins hält auch Daniel Bell für das Grundmuster der Zukunft. Nachstehend ist seine Vorstellung des Sozialwandels abgebildet.

	vorindustrielle Gesellschaft	*Industrie-gesellschaft*	*nachindustrielle Gesellschaft*	
Regionen:	Asien Afrika Lateinamerika	Westeuropa UdSSR Japan	USA	
Wirtschaft:	**Primär** Extraktiv: Landwirtschaft Bergwerke Fischerei Forstwirtschaft	**Sekundär** Güterproduktion Manufaktur Verarbeitung	**Tertiär** Transport Erholung	**Quartär** Handel Finanz Versicher. Grund- u. Boden
			Quintär Gesundheit Erziehung Forschung Regierung	
Berufliches Gefälle:	Bauer Bergmann Fischer ungelernte Arbeiter	angelernte Arbeiter Ingenieure	Techniker Wissenschaftler	
Technologie:	Rohmaterialien	Energie	Informationen	
Grundmuster:	Auseindersetz. mit der Natur	Auseinandersetz. mit Fabrikaten	Auseinandersetz. mit Menschen	

(Fortsetzung von Seite 20)

	vorindustrielle Gesellschaft	*Industrie-gesellschaft*	*nachindustrielle Gesellschaft*
Methodologie:	Common sense Erfahrung	Empirismus Experimente	Abstrakte Theorie: Modell, Simulation, Entscheidungs-Theorie, System-analyse
Zeitprojektion:	Vergangenheits-orientiertheit ad hoc Antwort	ad-hoc-Anpassung Projektionen	Zukunftsorientierung Planende Vorausschau
Hauptprinzip:	Traditionalismus, Begrenztheit von Land und Ressourcen	Wirtschaftswachs-tum Institutionskon-trolle durch staat-liche oder private Entscheidungen	Zentralität und Kodifizierung theore-tischer Kenntnis

Daniel Bell, Die nachindustrielle Gesellschaft
Campus Verlag, Frankfurt 1975

Insgesamt kann man daher annehmen, daß die beschriebenen Tendenzen der nichttraditionalen Formen sich weiter fortsetzen werden. Zu erwarten ist eine Vielfalt der Selbstorganisationen, bei deren Aufbau gelten wird: »The joy is in the journey.«

4. Entwicklung und Bandbreite der Familienformen

Zwei Aussagen können jetzt schon bereits getroffen werden: neue Lebensformen werden immer von Minderheiten vorangetrieben. Minderheitenstatus kann aufgezwungen und freiwillig gewählt sein, kann mit Angst gepaart und Neugier gekoppelt sein. Minderheitenstatus schärft die Wahrnehmung und führt eher dazu, daß ein menschlicher Mythos – Lebenshunger – in Erfüllung geht. Wen wundert es, daß Neruda gesagt hat: Ich bekenne, ich habe gelebt.

Die zweite Aussage ist die, daß sozialer Wandel ein kontinuierlicher Prozeß ist. Von diesem Prozeß sind auch die Formen des Zusammenlebens, speziell die familialen, nicht ausgeschlossen, auch sie wandeln sich im Laufe von Zeit und Geschichte.

So weit, so gut. Doch was ist es nun eigentlich, was sich da wandelt, was die einen Formen von den anderen unterscheidet, unterscheidet bis zur Trennung? Sind es die Organisationsform der Familie, die Haushaltsarrangements, die Funktionen der Familie, ist es die Auswahl der Partner, ist es die Qualität der emotionellen Beziehungen, sind es die Normen, nach denen Familie konstruiert wird, oder sind es lediglich die Betrachtungsweisen, die Standpunkte, von denen aus Ehe und Familie beurteilt werden?

Schien es eine Zeitlang, daß es nur einen Typus von Familie, nämlich den von Vater, Mutter, Sohn und Tochter gibt, so hat sich der Eindruck mittlerweile sicherlich revidiert. Zu jeder historischen Epoche gab es immer mehrere Familienformen; wenn wie in den 50er Jahren der Eindruck entstand, es gäbe eigentlich nur eine Form, dann deshalb, weil diese Form so bedrückend dominant gewesen ist.

Der Wandel der Familienformen und der soziale Wandel allgemein stellen sich nun als komplexes Wechselspiel zwischen den einzelnen Faktoren dieser beiden Einheiten dar. Dabei ist in der wissenschaftlichen Diskussion noch offen geblieben, ob die Veränderungen in den familialen Bereichen eine Reaktion auf die gesellschaftlichen Wandlungsprozesse sind oder aber ob sie Stimulanz und Initiator für diese sind.

Zurück jedoch zu der Frage, was sich denn nun eigentlich an der Familie gewandelt hat. Gibt es überhaupt eine präzise Vorstellung, von dem, was Familie ist? Vorerst kann jeder einzelne doch wohl nur von dem ausgehen, was er alltäglich bei sich und bei anderen als Familie erlebt.

Daneben gibt es noch die wissenschaftliche Definitionen von Familie. Diese sind jedoch so unterschiedlich, wie das Familienleben unterschiedlich sein kann. Je nach der Perspektive des Forschers, seinen paradigmatischen Setzungen wird die Struktur der Familie, die Form der Familie, die Funktionen innerhalb der Familie oder die Perspektiven der Familienmitglieder wesentlich für das, was als Familie definiert werden soll. Man kann sich also durchaus berechtigt die Frage stellen, welche der vorhandenen Merkmale denn nun eigentlich Familie ausmachen: sind es die Blutsbande, ist es der Generationenzusammenhang, ist es die Hochzeit, ist es das Zusammenleben, ist es ein Gefühl der Identifikation, ist es ein Gefühl der Verpflichtung und Verantwortlichkeit?

Diese Fragen sind wissenschaftlich in unterschiedlicher Form beantwortet worden und haben zu unterschiedlichen Betrachtungsweisen geführt. Das legt die Vermutung nahe, daß die Frage nach dem Strukturwandel der Familie sich zwar einerseits auf eine empirisch feststellbare Veränderung der familialen Erscheinungsformen bezieht, andererseits sich aber auch als ein Wandel von bestimmten Vorstellungen über Familie darstellt.

Von der Amerikanerin Skolnick sind die Definitionen von Familie einmal als imaginäre Paradiesgärten mit echten Kröten bezeichnet worden. Die Kröten sind die Konsequenzen, die sich für die Familienformen ergeben, die nicht in eine solche Definition hineinpassen. Unvollständige Familien, unabhängig davon, warum sie unvollständig sind und ob es ihnen unvollständig nicht viel besser geht als vollständig, waren noch bis in die 60er Jahre hinein suspekt, mit einem Makel behaftet. Da fehlt etwas, wie einem Kranken die Gesundheit fehlt.

Wegen dieser Konsequenzen halte ich es nicht für unwesentlich, einige dieser Definitionen hier aufzuführen. R.D. Laing definiert Familie als Netzwerk von Menschen, die über einen längeren Zeitraum zusammenleben und durch Hochzeit und Verwandtschaft miteinander verbunden sind. Er weist aber auch gleichzeitig darauf hin, daß es sehr schwer ist, das, was nun typisch familial ist, von anderen Gruppen, die eindeutig nicht Familie sind, abzuheben. Hinzu kommt, daß Familien sich untereinander unterscheiden und auch von Gesellschaftsstruktur zu Gesellschaftsstruktur verschieden sind.

R. König wies ebenfalls bereits darauf hin, daß auch für den in der neueren Familienforschung immer wichtiger werdenden Begriff des Familienzyklus gilt, daß je nach der zeitlichen Position in diesem Zyklus unter Familie jeweils etwas anderes verstanden werden muß. Die Bedeutung, die eine bestimmte Form des Zusammenlebens und der Kommunikation zu einem Zeitpunkt A für eine Person hat, kann eben eine ganz andere zum Zeitpunkt B sein.

Selbst auf die Biologie kann man sich bei der Familie nicht vorbehaltlos zurückziehen. Die Verwandtschaftssysteme in verschiedenen gesellschaftlichen Kulturen benutzen die Abstammung in unterschiedlichen symbolischen Weisen. So muß der Erzeuger noch lange nicht der Vater, derjenige der die sonstigen Vaterpflichten erfüllt, sein.

Mollenhauer nähert sich der Familie an, indem er neue Begriffsbezeichnungen vornimmt. Statt Struktur spricht er von Figuration, statt Funktion von Verkehrsform. Familie ist dann die Figuration Familie, die sich in unterschiedlichen Zusammenhängen jeweils unterschiedlich ausgebildet hat und eine Gruppierung von Menschen verschiedener Generationen und verschiedenen Geschlechts ist. Die zentralen Definitionsmerkmale vieler Familiendefinitionen – Geschlechtsunterschied und Generationsunterschied – behält er also bei, durch die von ihm verwendeten Begriffe (Figuration und Verkehrsform) versucht er jedoch stärker die dynamischen Aspekte und Abhängigkeiten innerhalb der Familie einzubeziehen.

Ebenfalls einen von der Mehrzahl der Familiensoziologen unterschiedlichen Ansatz vertreten Claessens und Menne. Sie legen zwar auch das Schwergewicht auf das, was R. König die sozialkulturelle Institution der Gesellschaft mit der Funktion des Aufbaus der sozialen Persönlichkeit des Menschen genannt hat. Sie sprechen davon, daß die Familie jene Gruppe ist, in der wenigstens zwei gegengeschlechtliche, psychosozial erwachsene Menschen die nächste Generation produzieren und motivieren. Sie betonen jedoch andere Organisationsaspekte der Familie, wenn sie darauf hinweisen, daß die Familie nach den drei Systemen: Sachsystem – Sympathiesystem – Dominanzsystem, organisiert ist.

Mein Anliegen war, mit dieser Aufzählung von Definitionen deutlich zu machen, daß die Tatsache, daß jede menschliche Gesellschaft sich reproduzieren muß, bei weitem nicht einen vorherrschenden Familientypus zu der Familie an sich macht. Die Beurteilung des Strukturwandels der Familie wird also immer wesentlich von dem abhängen, was als Struktur der Familie unterlegt wird.

Da die meisten Familiensoziologen methodisch gleich vorgehen, sind sie sich über Grundstruktur und die in dieser Struktur ausgeübten Funktionen der Familie harmonisch einig. Als Struktur verstehe ich dabei eine bestimmte Ordnung der Elemente, durch die ein System – hier die Familie – aufgebaut wird. Dieses Verständnis von Struktur enthält wiederum bereits einen Selektionsmechanismus, denn eine Struktur kann nie eine vollständige Abbildung der Realität sein, sondern ist immer nur das Beziehungsnetz ausgewählter Elemente der Realität.

Die meisten Definitionen der Familiensoziologen lassen sich nun in ihrer Tendenz auf das Verständnis des Amerikaners Murdock von Familie zurückführen. Murdock, der die These von der Universalität der Familie nachdrücklich betont hat, definierte die Kernfamilie über folgende Kriterien: Ehemann, Ehefrau und Kinder bilden eine Einheit, die geprägt ist von gemeinsamem Wohnsitz, ökonomischer Kooperation, gesellschaftlich gebilligten sexuellen Beziehungen, Reproduktion und gemeinsamer Kindererziehung. Zu dieser Definition gelangte er durch die Analyse von 238 Gesellschaften.

Mittlerweile kann jedoch davon ausgegangen werden, daß sich selbst aus der Untersuchung von Murdock kein eindeutiger Beleg für die Zwangsläufigkeit familialer Strukturen und Funktionen ergibt. Denn, er entdeckt zwar 47 Gesellschaften mit Kernfamilien, aber auch 53 Gesellschaften mit polygamen Familien. Darüber hinaus fand ein anderer Amerikaner mit dem klangvollen Namen Lewellyn Hendrix heraus, als er sich das Datenmaterial, mit dem Murdock gearbeitet hatte, noch einmal ansah, daß 18 Fälle eindeutig nicht der Definition der Kernfamilie (Nuklearfamilie) entsprachen, von Murdock aber als solche aufgeführt wurden.

Andere Autoren haben auf weitere Phänomene hingewiesen, die die Berechtigung des Funktionskataloges in der bisherigen Form in Frage stellen. So weist die Amerikanerin Skolnick darauf hin, daß auch die gemeinsame Haushaltsführung, auch wenn sie für den abendländischen Kulturkreis typisch ist, für andere Kulturen durchaus nicht typisch ist. Entfernte Verwandte und Nichtfamilienmitglieder können somit einen gemeinsamen Haushalt führen und Familien können in getrennten Haushalten leben.

Und selbst bei der Mutter-Kind-Beziehung war es in den vergangenen Jahrhunderten üblich, daß die Kinder im Alter ab sieben Jahren die Mutter verließen, um in einem anderen Haushalt als Knechte zu arbeiten. Die Trennung von Mutter und Kind erstreckte sich auch auf Säuglinge, die bereits aus dem Haus gegeben wurden. Überhaupt muß das Schwergewicht, das heute auf die Funktion der Sozialisation der Kinder innerhalb der Familie gelegt wird, schon als Ergebnis von Wandel interpretiert werden. Diese Behauptung wird ergänzt durch die Beobachtung, daß in einem Bauernbetrieb bis in die jüngste Vergangenheit hinein eben nicht die Kinderaufzucht die dominante Funktion gewesen ist, sondern die Produktionsfunktion viel wichtiger war. Auch müßten solche wichtigen Faktoren wie das Erbrecht zu einem Strukturbegriff von Familie gehören.

Nimmt man diese unterschiedlich gestalteten Funktionen, dann kann man mit Sicherheit sagen, daß die Sozialbeziehungen einer Kleinfamilie der vormodernen Zeit inhaltlich wohl kaum etwas mit denen der modernen Kleinfamilie zu tun hatten.

Von einem Wandel *der* Familie oder auch von *dem* Strukturwandel der Familie kann somit niemand ernsthaft reden. Vielmehr gab es historisch und geografisch abgrenzbare Familienformen wie die Adelsfamilie des 18. Jahrhunderts, die Bauernfamilie des 17. Jahrhunderts, die Bürgerfamilie und die Proletarierfamilie des 19. Jahrhunderts. Die Häufigkeitsverteilungen dieser Familienformen waren jedoch durchaus unterschiedlich. In den Sammler- und Jägergesellschaften war die Kleinfamilie die vorherrschende Familieneinheit, in den Agrargesellschaften die erweiterte Familie und in den industriellen Gesellschaften ist es wieder die Kleinfamilie.

Eine Erklärung für diesen Kurvenverlauf könnte ganz allgemein darin zu sehen sein, daß sowohl die Jäger- wie die Industriegesellschaft die Tendenz haben, den arbeitenden Menschen zu individualisieren. Der Prozeß der Individualisierung ist nun in vielen Bereichen für die Kleinfamilie der Gegenwart zu beobachten. Bei dieser Beobachtung dürfen jedoch Familie und Haushalt nicht verwechselt werden.

Die Familie spiegelt ein bestimmtes Beziehungsgeflecht wieder, und der Haushalt einen Ort. Wird der Haushalt als das räumliche Zentrum gesehen, auf das sich die Familienangehörigen beziehen, dann wird der Haushalt ebenfalls zu einem Interaktionszusammenhang. Das Gefühl und Bewußtsein von Familie liefert den Familienmitgliedern dann die normative Zugehörigkeit. Die Haushaltsfamilie ist auch exakt abgrenzbar, zum Unterschied von der Verwandtschaftsfamilie, die einen unbestimmten Kreis von Blutsverwandten und Verschwägerten umfaßt.

Der Vorgang des Wandels in den Familien wird häufig unter dem Gesichtspunkt der Funktionsentlastung gesehen. Die einzelnen Familienformen haben an höherrangige Sozialgebilde Kulturfunktionen, Gerichtsfunktionen, Schutzfunktionen, Produktionsfunktionen, Sozialisationsfunktionen und – in einem sehr spezifischen Sinne, man denke nur an das englische Retortenbaby – auch Fortpflanzungsfunktionen abgegeben.

Die Produktionsfunktion ist von fast allen Familien abgegeben worden. Die traditionale Familie war eine produktive und reproduktive Einheit und keine emotionelle. Gegenwärtig sind Arbeitsplatz und familiales Heim getrennt, der Haushalt konsumiert mehr als er produziert.

Verändert hat sich auch die Rolle des Kindes. Es stand früher nicht an der Spitze der Hierarchie der Werte, sondern war eher Element ökonomischen Kalküls. Seine Beziehung zu seinen Eltern war nicht durch das psycho-hygienische Interesse geprägt, das moderne Eltern seit der Jahrhundertwende ihren Kindern angedeihen lassen, sondern es war ihnen untergeordnet und von ihnen in bestimmten extremen Formen des Patriarchalismus abhängig bis zu deren Tode. Die Auswertung der Kinder in der Moderne sollte jedoch nicht blauäugig gesehen werden. Zwar bekommen sie auf der einen Seite die volle Aufmerksamkeit der Mutter bis hin zur mütterlichen Überfürsorge, andererseits steigen die Züchtigungsraten, und das soziale Leben der Eltern schließt die Kinder mehr und mehr aus.

Niedrige kontrollierte Geburtenraten weisen auf einen weiteren Bereich des Wandels hin. Die Ideologie der Familie verlangt nicht mehr Pflicht, Tradition und individuelle Unterordnung unter Autorität und Schicksal, sondern sie gewichtet heute stärker Individualrechte, Gleichheit, Freiheit und Selbstrealisierung. Diese Werte hängen sehr eng mit dem zusammen, was unter Emanzipation der Frau verstanden wird. Durch die Möglichkeit der Selbstbestimmung über Schwangerschaft, durch einen erhöhten Bildungs- und Ausbildungsstand sowie durch die verstärkte wirtschaftliche Tätigkeit der Frauen außer Haus ist eine Annäherung der Geschlechtsrollen und ein Abbau des Patriarchalismus erfolgt. Verändert hat sich auch die Form der Partnerwahl. Sie wurde individualisiert, nicht mehr Besitz und Verwandtschaftslinien bestimmen sie, sondern persönliches Glück und individuelle Selbstverwirklichung. Was sich nicht verändert hat, ist, daß früher von Haus zu Haus geheiratet wurde, heute von Schule zu Schule, von Disco zu Disco. Die Verkehrskreise, die Kreise, in denen man sich bewegt, programmieren die Wahrscheinlichkeit, ob man seinem Lebensglück begegnet oder nicht.

Die Beziehung zur Verwandtschaft hat die einschneidendste Veränderung erfahren. In der traditionalen Familie sind Verwandtschaftsbeziehungen wesentlicher als ökonomische Effizienz und die Maximierung des individuellen Gewinns. Gegenwärtig werden Verwandtschaftsbeziehungen von Sympathie geleitet, sie sind beliebig, selektiv und informell geworden. Die Verwandtschaft ist nicht mehr das organisierende Prinzip der Gesellschaft, sondern sie ist in der modernen Gesellschaft vom ökonomischen, politischen und sozialen Leben getrennt.

Für die Kleinfamilie gilt, daß sie sich hin zur Privatheit, ja bis zur Isolierung aus übergroßer Privatheit entwickelt haben. Wie der beschriebene Wandel eingeschätzt und bewertet wird, hängt wesentlich davon ab, als was man Familie versteht. Als eine Sammlung von Kernfamilien in einem großen Verwandtschaftszusammenhang, als Einheit, die durch die Blutsbande der Kindzeugung miteinander verbunden ist, als Einheit, die aus Paaren von Menschen besteht, aus Ehemännern und Ehefrauen, aus Müttern und Kindern, aus Vätern und Söhnen, aus Brüdern und Schwestern. Familie kann auch verstanden werden als Gemeinschaft, die sich aus Sympathie nach dem Prinzip der Wahlverwandtschaften zusammengefunden hat und eine Kommune von Brüdern und Schwestern, von Gleichen zu Gleichen bildet oder aber als eine Sammlung wesentlich isolierter Individuen, die sich gegenseitig davon überzeugt haben, daß sie irgend etwas miteinander verbindet.

Vor allem der letzten Betrachtungsweise versuchen sich die neuen Lebensformen als Alternative anzubieten. Sie wollen die konkrete Utopie leben und verwirklichen, indem sie Selbstverwirklichung und Individualität mit Kooperation und Solidarität verknüpfen. Sie beleben damit einen alten Mythos des Menschen, den der Heimat. Neue Lebensformen schaffen wieder Heimat, weil sie Entfremdung zumindest tendenziell aufheben. Neue Lebensformen nutzen die utopischen Räume, die jedem Individuum durch seine Phantasie und seine Träume zur Verfügung stehen. Die utopischen Räume werden dort nicht zum kontrollierten und begrenzten Experiment wie beim brain-storming der Industriemanager, sondern konkret erfahrbar. Der bekannte Raum ist beharrlich, anders ist zum Beispiel die Rückkehr des Barocks in das deutsche Wohnzimmer nicht zu erklären.

Durch den Versuch, Utopie zu leben und sich nicht in den bekannten Räumen unglücklich einzurichten, unterscheiden sich die neuen Lebensformen wesentlich von den gebräuchlichen. Dieser Unterschied drückt sich nun in zahlreichen Varianten der Struktur aus, die in der Tabelle (S. 29) zusammengefaßt sind.

Familienformen

Strukturelle Variation	*Blutsverwandtschaftliche Familien*	*Gattenfamilie*	*Gemeinschafts-Familie*
Systemgrenzen	Verwandtschaftsbeziehung	Ehebeziehung	Freundschaftsbeziehung
Elternschaft	Verwandte als Elternersatz	Elternpaar	mehrfache Elternschaft
Abstammungslinien	Einseitige Abstammungslinie (Vater oder Mutter)	Zweiseitige Abstammungslinie (Vater und Mutter)	ohne Abstammungslinie
Größe	Erweiterte Familie	Kernfamilie	Erweiterte Familie
Rollenstruktur	Alters- und Geschlechtsunterschiede	Angleichung der Geschlechtsrollen/Altersunterschiede	Gleiche Alters- und Geschlechtsrollen
Machtverteilung	Autokratisch	Oligarchisch	Demokratisch
Soziale Kontrolle	Kontrolle durch die Älteren	Ehegatten	Alle Mitglieder
Statusunterschiede	Zugeschriebene Unterschiede	Erarbeitete Unterschiede	Keine Unterschiede
Besitzverhältnisse Allgem. Struktur	Erbschaft Stabil/Rigide/Autoritär	Austausch Instabil/Halbrigide/Fragmentiert	Bedürfnis Stabil/Locker/Pluralistisch
Interfamiliäre Mobilität	Keine	Begrenzt (Adoption/Wiederheirat)	Beliebig
Partnerbeziehung	Vielmännerei/Vielweiberei	Monogamie	Polygamie
Emotionalität	Stolz/Furcht/Scham/Frustration	Eifersüchtige Liebe/Leidenschaft/Schuld/Ressentiments	Emphatische Liebe/Freude/Mitgefühl
Wertestruktur	Kollektiv-materialistisch (Biologischer Determinismus)	Individualistisch-Existentialistisch (Selbstbestimmung)	Humanistisch/Scientistisch, Soziale Bestimmung
Persönlichkeitsstruktur	Eltern-Über-Ich-Vorherrschaft	Kind-Es-Vorherrschaft	Individuum-Ich-Herrschaft
Sozialer Prozeß	Konflikt	Wettbewerb	Kooperation

5. Motivationen

Einiges ist schon zu dem gesagt worden, was bewirkt, daß Menschen das Neue oder das Andere wagen. Die Drehpunktpersonen, die Entwicklung des gesellschaftlichen Wandels und der Familienformen legten bereits dafür Zeugnis ab. Die Motive und Hoffnungen, die in die neuen Lebensformen gesetzt worden sind, will ich hier noch einmal zurück ins Gedächtnis rufen, denn mir scheint, daß manchmal die Antriebskräfte stärker in Vergessenheit geraten sind als die Ergebnisse, die aus ihnen resultierten.

Jack Kerouac war einer der Motivationsspender, der Herold einer Jugend, die sich in einer im Kern dürftig-konfektionierten Welt zu einer Form des intensiven rauschhaften Lebens bekennt, das die Landkarten bürgerlicher Erfolgsmoral nicht verzeichnet. Er selbst starb 47jährig im Jahre 1969.

Jack Kerouac und Ginsberg, Corso und Burroughs demonstrierten der interessierten, suchenden Jugend, daß man eine Rakete sein kann und trotzdem auf der gleichen Planetenbahn kreisen und sich gegenseitig Licht geben kann. Sie schufen das Gefühl der Gemeinschaft und versuchten sich mit den Zielen und Bedürfnissen ihrer Gruppe in Einklang zu bringen. Die Gruppe war ebenso wichtig wie ihre glänzendsten Stars. Damals wie heute gab es eine angestaute Erlebens- und Methaphernfülle, die reglementiert wurde von Einschränkungen. Ihre Bewegung war ein dringend notwendiges Freikommen von einem autoritären, Verbote und Strafen verhängendem Klima. Mit einer »coolness«, die nicht natürliche Ruhe war, sondern posierte, ja in Wirklichkeit starre Lässigkeit, hinter der sich eine persönliche Unfähigkeit verbirgt, etwas Gewaltiges oder Interessantes aufzunehmen, konnten sie nichts anfangen.

»Wie dann aber in Freuden und Frieden leben? Indem du mit deinem Gepäck von einem Bundesstaat zum anderen stromerst, in jedem einzelnen noch schlimmer und tiefer hinein ins Dunkel des angsterfüllten Herzens?«

Kerouacs Antwort auf seine eigene Frage ist, daß man nichts dagegen tun kann und deshalb jeden Augenblick genießen soll. Auch er – und mit ihm die anderen dieser Generation – wollte sich *seine Heimat* suchen, nur er fand sie nicht und brach deshalb jedesmal zu einem neuen Leben auf.

Machte Kerouac deutlich, daß seine Straße von Nirgendwo nach Nirgendhin führte, so waren andere motiviert, die neuen Freiheiten im Sexuellen zu suchen und zu finden. Die von Ed Sanders herausgegebene Zeitschrift »Fuck You« und Michael McClures »Fuck Ode« sind in diesem Prozeß entstanden, dessen Beginn McClure für sich auf ein Gespräch im Jahre 1963 datierte:

»Gregory Corso hat mich aufgefordert, an einem Projekt mitzuarbeiten mit dem Ziel, das verpönte Wort FUCK aus seinen Fesseln zu befreien. Ich eile herzu einige neue Freiheiten zu schaffen...«

Wie bewegt und in welcher Aufbruchsstimmung die damaligen Vorreiter der Bewegung gewesen sind, geht auch aus einem Gedicht von Harold Norse hervor, der zum Kreis um W. S. Burroughs im Paris Beat Hotel gehörte:

»Sommer. Ewiger Sommer. Millionen Sommer. Glühende Temperatur kocht Reptilblut zu flammendem Pech. Die einzige Erleichterung für rasende Monster in diesem Saurierkessel ist ficken, ficken, ficken.«

Es macht sich das Gefühl breit, daß eine völlige sexuelle Freiheit vor der Tür stünde, Sexualität immer mehr eine Sache der Gemeinschaft würde. In den Hippie-Kommunen der ersten Tage war sie es häufig auch.

Ein weiteres Element der Bewegung war der zunehmende Drogenkonsum. Marihuana und LSD wurden als die Mittel zum Aufbruch in eine neue Welt gesehen, die entdeckt werden mußte. Der Gebrauch der Drogen war nicht mehr auf Boheme-Zirkel beschränkt, sondern fast jede Hippie-Kommune hatte ihr kleines Hasch-Feld hinterm Haus. Die Drogen sollten die Eroberung des inneren Raumes ermöglichen, die geistigen Fähigkeiten zum Abenteuer befreien, die psychischen Möglichkeiten jedes einzelnen Menschen erweitern. Revolte war deshalb für McClure zu dieser Zeit das Streben nach einer Lebensweise, die geprägt war von Sex und dem Verlangen nach bewußtem Erleben und Vergnügen.

Ein weiteres Element, das in diese Revolte gegen das Etablierte einfloß, war der Feminismus. Über ihn sind mittlerweile von Frauen genügend Bücher verfaßt worden, so daß ich mich eigentlich hier auf einen Satz beschränken kann. Es ist wohl die Weiblichkeit selbst, die die neuen Mädchen erkunden wollen, sie wollen wissen, was es heißt, nicht ein gehorsames noch aufbegehrendes Anhängsel eines Mannes zu sein, sondern ein eigenständiges Wesen.

Und dieser zentrale Wunsch nach Befreiung, nach mehr Wissen über das eigene Ich, nach Gesamtheit (= Sei wahrhaft zu dir selbst), nach Ehrlichkeit, und nach Toleranz und Akzeptanz der Eigenständigkeit jedes menschlichen Wesens stellt die Hintergrundtriebkraft für die sich weiter entwickelnde Hippie-, Studenten- und Kommunenbewegung dar.

Das scheint mir der zentrale Bewegungsanstoß gewesen zu sein, wenn es auch darüber hinaus andere Komponenten gegeben hat. Dazu gehören sicherlich die Aufgaben von Spezialisierung und der Verzicht auf jedwede Wachstumsideologie. Dazu gehört der Versuch, ein alternatives ökonomisches System zu errichten. Dazu gehört die Wiederbelebung technischen Wissens, das verloren zu gehen droht und die Ausrichtung auf eine sanfte, mittlere Technik. Die Philosophie der Kommunen ist Substitution. Können handbetriebene Maschinen nicht Förderbänder ersetzen, Kartoffeln Potato Chips, Zuneigung Konkurrenzkampf?

Anhänger der Bewegung zu neuen Lebensformen gab es auch aus der Motivation des oralen Pessimismus heraus. Oraler Pessimismus, der sich äußert als emotionelle Unterversorgung, als das Gefühl von Leere und die Angst vor dem Alleinsein. Das ist jedoch nicht negativ zu sehen, da Kommunen auch therapeutische Funktion haben. Bedrohlich wird es nur dann, wenn sich eine Kommune überwiegend aus Leuten zusammensetzt, die von oralem Pessimismus gebeutelt sind.

Ragte Kerouac in den 50er Jahren aus der Beatnik-Bewegung heraus, so kann das wohl, ohne jemanden zurückzustellen, von Charles Reich für die 60er Jahre behauptet werden. Er brachte große soziologische Denker wie Pitrim Sorokin und Herbert Marcuse in einen Einklang mit dem realen gewaltlosen Aufstand der Jugend. Für ihn war die schlimmste aller Welten entstanden, ein unpersönlicher, allmächtiger Moloch, in dem nicht mehr kontrollierbare Technik und schrankenloses Profitstreben die innere und äußere Welt des Menschen zerstören.

Die Vertreter dieser Philosophie nannte er Bewußtseins-I/und Bewußtseins-II-Menschen. Der Bewußtseins-I-Mensch nimmt Selbsteinschränkung als wichtigen Bestandteil der Leistung auf sich und kapselt sich von der Gemeinschaft und von der Natur ab. Sein Erfolg beruht auf schlichten Tugenden wie Einfachheit, Charakter und harter Arbeit. Er vertraut mehr dem Gewinn als der Liebe, da alle Menschen von Natur aus schlecht sind. Der Bewußtseins-II-Mensch ist der Institutionen-Mensch. Er ordnet das Einzelinteresse unter das öffentliche Interesse. Die Organisation ist sein Denkmal, er erwartet Liebe und Zuneigung nur für das, was er im Sinne der Gesellschaft leistet.

Dem steht die permanente Lernbereitschaft des Bewußtseins-III-Menschen entgegen.

»Wenn ein Bewußtseins-I-Mensch oder ein Bewußtseins-II-Mensch gefragt wird, ob er eine neue Droge ausprobieren oder eine Woche in der Kommune verbringen möchte, wird er ablehnen. Das Experiment liegt außerhalb seines bereits etablierten Charakters. Das neue Bewußtsein ist je-

doch immer flexibel, neugierig und bereit, seinem Charakter etwas Neues hinzuzufügen.«

Auch wenn diese permanente Lernbereitschaft sich in der Wirklichkeit auch bei Kommunen nicht immer eingestellt hat, so steht sie als anstrebenswertes Ziel jedenfalls vor Augen. Sie muß es auch, denn wir können Informationen über Erfahrungen sammeln, aber niemals die Erfahrungen selbst. Wenn zwei Menschen die gleichen Erfahrungen gemacht haben, können sie auch über diese Erfahrungen in der gleichen Sprache reden und sich verständigen. Hat jemand zwanzig Tage in totaler Einsamkeit gelebt, dann hat er eine greifbare Erfahrung. Das ist etwas anderes, als wenn das Wissen über zwanzig Tage Einsamkeit von dem Kopf einer Person durch Worte zu dem Kopf einer anderen Person gelangt, ohne daß Einsamkeit je von beiden erfahren wurde.

Die totalen Motive, die bislang aufgezählt wurden, galten auch für die ersten deutschen Kollektive wie Kommune I und Kommune II. Neben sie traten aber auch ganz reale Anforderungen an das neue Leben, deren Motive sich auf einem weniger abstrakt-idealistischen Anforderungsniveau bewegten.

Als wichtig wurden ebenfalls gesehen eine Kindererziehung, die nicht mehr auf Unterdrückung und blinde Autoritätsausübung aufgebaut ist, die gemeinsame politische, sozialpolitische Arbeit, eine finanzielle Besserstellung oder sogar der Aufbau einer gemeinsamen Produktionsstätte als Handwerksbetrieb oder Landkommune, die Ausübung gemeinsamer Kunst wie Musik, Theater und schließlich eine bessere Form der Arbeitsteilung im Haushalt selbst. Diese Vielzahl der Motive zeigt auch, daß man nicht von den Kommunen oder neuen Lebensformen schlechthin sprechen kann. So viele Motive wie es gibt, so viele Kommunen gibt es auch.

Neue Lebensformen ereignen sich in einem ganz breiten Spektrum: Paare, die nicht mehr heiraten, aber zusammen wohnen, weil sie nicht wissen, wie lange sie zusammenbleiben werden. Personen, die bewußt allein leben, weil sie zwar Kontakte mit anderen Menschen haben wollen, aber nicht unbedingt mit diesen auch zusammenleben wollen. Es handelt sich also um Menschen, die aus den verschiedensten Gründen in den unterschiedlichst organisierten Gruppen zusammenwohnen.

Man kann nun versuchen, alle diese Verschiedenheiten unter den Tisch zu kehren und eine Einheitsdefinition von Kollektiven abzugeben. So zu tun, als ob man es nur mit einem einzigen Typ zu tun hätte: Hier die typische Kleinfamilie mit Vater, Mutter, Sohn und Tochter, dort das typische Kollektiv mit sechs bis acht Erwachsenen (mindestens mit Abitur) und zwei Kindern, die jünger als sechs sind, in der Stadt lebend, weitgehend monogam, sowohl Männer wie Frauen, eher arm, ohne Produktionsmittel oder sonstige gemeinsam durchgeführten geschäftlichen Aktivitäten, in einem gemieteten Haus mit teilweiser ökonomischer und finanzieller gemeinsamer Basis.

Daß eine solche Definition soviel erklärt, wie sie nicht erklärt, ist offensichtlich. Nur aus Abgrenzungsgründen gegenüber anderen Lebensformen schlage ich deshalb folgende Beschreibung von Kollektiven und Kommunen und Wohngemeinschaften vor:

Wohnkollektive sind eine Lebensform, in der mindestens drei nicht-verwandte Mitglieder verantwortlich einen gemeinsamen Haushalt führen.

Ich trenne bewußt nicht zwischen Wohnkollektiven und Kommunen, da sich gemeinsame Sexualität ergibt. Eine Wohngemeinschaft, die nur wegen des Wohnens zusammengekommen ist, kann sich zu einer Sexualgemeinschaft entwickeln; eine Kommune, die gemeinsame Sexualität auf ihr Panier geschrieben hatte, scheitert möglicherweise nach einem dreimonatigen kläglichen Ausprobieren des Programms, kann danach ohne größere Störungen und ohne gemeinsame Sexualität aber hervorragend weiter zusammenleben.

Nun gibt es im Spektrum der Kollektive jedoch noch weitere Unterschiede. Kollektiv ist nicht gleich Kollektiv, sondern kann Landkommune sein, Handwerkskommune, Kunstkommune, Spiritistisch-Mystische Kommune, Religionskommune, Polit-Kommune, Sex-Kollektiv, Architekten-Kollektiv, Studenten-Wohngemeinschaft. Diese Aufzählung ist nicht vollständig.

Eine Systematisierung scheint mir dann möglich zu sein, wenn man die Zielvorstellungen, die Motivationen, die die Kollektivmitglieder zusammengeführt hat, als Einteilungskriterium heranzieht. Dieses Verfahren dürfte deshalb einleuchtend sein, weil davon auszugehen ist, daß die Kollektivmitglieder durch prinzipiell geteilte Zielvorstellungen zusammengeführt werden. Diese ähnlichen Zielvorstellungen kommen daher, daß ähnliche Erfahrungen vorausgegangen sind bzw. ähnliche Bedürfnisse bei den einzelnen Personen vorliegen. Auch wenn die Ziele bei jeder Person unterschiedlich ausgerichtet und gewichtet sein können, sich auch im Laufe der Zeit verändern können, so werden sie doch immer in einem gemeinsamen Rahmen bleiben, der für eine bestimmte Subkultur typisch ist.

Als wesentlichster Punkt in einem Kollektiv dürfte die *gemeinsame Kollektividentität* gelten. Die Mitglieder eines Kollektivs müssen ein Wir-Gefühl bekommen. Auf dem Wege zu diesem Wir-Gefühl wird sich jedes einzelne Mitglied mit seinen eigenen Erfahrungen, Vorstellungen, Wünschen und Normen einbringen. Im Zusammenspiel aller Mitglieder wird auf diese Weise etwas entstehen, das einem bestimmten Kollektiv ein ganz bestimmtes Aussehen geben wird. Diese Erscheinungsform kann meiner Ansicht nach in fünf Typen unterteilt werden:

a das pragmatische Wohnkollektiv.
Das Hauptinteresse der Mitglieder in solchen Kollektiven liegt im wesentlichen in ökonomischen und materiellen Vorteilen. In diese Kategorie fallen die meisten studentischen Wohnkollektive und Eltern-mit-Kind-Kollektive.

b das sich selbst aktualisierende Kollektiv.
Wohnkollektive dieser Art streben eine neue soziale Ordnung an, die es ihnen ermöglicht, ihr Persönlichkeitspotential zu erweitern und individuelle Freiheit in einem Gruppenkontext herzustellen. In diese Kategorie fallen makrobiotische Landkollektive, Künstlerkollektive oder Gruppenehen.

c das aktivistische Kollektiv.
Diese Kollektive streben von der Kollektivbasis aus politische Veränderungen an. Beispiele für diesen Typus wären die SDS-Kommune oder die K 2.

d das therapeutische Wohnkollektiv.
In diesen Kollektiven liegt das Schwergewicht des Zusammenlebens auf der kommunalen Therapiewirkung für einzelne Mitglieder. Hierzu zu rechnen wären Kollektive von Drogenabhängigen, psychisch Kranken, Jugendfürsorgekollektive oder Kollektive, die sich mit Gefangenenresozialisierung beschäftigen.

e das religiöse Wohnkollektiv.
In diesen Kollektiven stehen religionsbezogene Zielsetzungen im Vordergrund. Dazu zu rechnen sind »New Life«, »One Way«, »Children of God«, »Divine Light«, »Transzendentale Meditation«, »Bärglütli« oder Kommunen der »Jesus-People«-Bewegung.

Die Fallstudien in diesem Buch beziehen sich auf die beiden ersten Kollektivtypen, obwohl sie in bestimmten Aspekten sich auch den aktivistischen und therapeutischen Kollektiven annähern. Über religiöse Wohnkollektive wird hier keine Fallstudie präsentiert. Sie haben ihre stärkste Bedeutung unter den historischen Kollektiven gehabt. Dieses Verhältnis macht auch den prinzipiellen Unterschied zu den heutigen Kollektiven aus, denn die historischen Kollektive sahen sich nicht als Teil einer neuen Kultur. Die religiösen Gruppen hatten die Tendenz, sich abzuschließen von der Umwelt.

Diese eskapistische Tendenz ist auch ein zentrales Element der neuen Kultur. Doch führt der Eskapismus nicht in die Isolation wie bei den religiösen historischen Kollektiven, sondern weg von der konventionellen zu einer neuen Lebensform. Eskapismus ist heute die Flucht vor dem Konventionellen, die Flucht vor dem als sinnlos Empfundenen, teilweise auch die Flucht vor der eigenen Vergangenheit und der Erziehung, die dem Einzelnen in dieser Vergangenheit angediehen worden ist.

Diese Fluchttendenzen habe ich faktorenanalytisch in einem Modell darzustellen versucht. Zum Bau dieses Modelles mußten sich 283 Personen zu bestimmten Ansichtem äußern. Als Ergebnis erhält man drei Gruppen:

1. *inneren Eskapismus*: Er gilt für Personen, die sich auf sich selbst zurückziehen, sich am wohlsten fühlen, wenn sie ganz für sich allein etwas tun können, gern ein einsames Haus in der Toscana hätten.
2. *sozialer Eskapismus:* Er gilt für Personen, die sich mehr, bessere und glücklichere Beziehungen zu anderen Personen wünschen, sie unter den gegebenen Umständen aber nicht herstellen können.
3. *Aktionismus-Hedonismus:* Bestimmend für diese Dimension ist die Faszination der technischen Entwicklung, ein optimistischer Zukunftsblick und der Genuß des Lebens ohne Reue, konsequenzenlos.

Beziehung zwischen innerem und sozialem Eskapismus

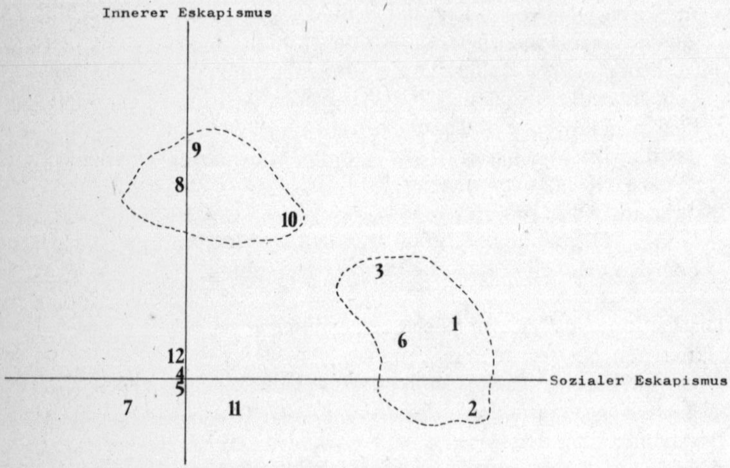

Geäußerte Meinungen und Einstellungen:

1 *Es ist sehr schwierig, glückliche Beziehungen zu anderen Menschen herzustellen.*
2 *Ich wünsche mir mehr Kontakt zu anderen Personen.*
3 *Manchmal möchte ich alles hinschmeißen und ein ganz neues Leben anfangen.*
6 *Früher lebte man zwar auf eine einfachere Art, aber diese Art war sinnvoller als heute.*
8 *Ich hätte gern ein einsames Haus in der Toscana.*

9 *Wenn ich etwas ganz für mich allein tun kann, fühle ich mich am wohlsten.*
10 *Manchmal schalte ich, ohne daß es die anderen merken, einfach ab.*
4 *Bestimmte Situationen genieße ich einfach, ohne dabei an die Konsequenzen zu denken.*
5 *Ich habe lieber den Mut zu scheitern als erfolgreich, aber traurig und verknöchert zu werden.*
7 *Bei dem vielfältigen Angebot an Lebenschancen kann heute jeder seine Persönlichkeit selbst verwirklichen.*
11 *Ich würde gern mit einer Gruppe von Freunden eine Abenteuerfahrt unternehmen.*
12 *Die bisherige technische Entwicklung ist faszinierend und macht mich für die weitere Zukunft optimistisch.*

Die eskapistischen Tendenzen zeigen, daß Leistungsdruck und Bürokratismus, Zerstörung der Lebensräume innerhalb der Städte und des ökologischen Gleichgewichts, sowie das Eindringen von Formen ökonomischer und administrativer Rationalität immer stärker zunehmen und auch stärker bemerkt werden, wie sich in der wachsenden Sensibilität diesen Belastungen gegenüber ausdrückt. Dem damit verbundenen Schrumpfen der Spielräume für gelungenen kommunikativen Umgang, expressive Selbstdarstellung für ästhetische Befriedigung und Spontaneität wird versucht durch den Aufbau neuer Lebensformen entgegenzuwirken.

»Hier sind wir. Wir können Dissertationen schreiben, wir können in Schule und Universität unterrichten, wir können Brücken bauen, wir können Computer programmieren. Wir sind Doktoren, Rechtsanwälte, Bildhauer und Maler, Filmemacher und Städteplaner, Fernseh- und Filmtechniker, Designer und Architekten, Kybernetiker, Musiker, Komponisten und Organisateure. Wir sind frei. Frei weil wir unbedeutend, unwichtig sind. Wir sind die Avantgarde einer vorläufigen Welle von Mehrwert-Talenten, Studien und großartigen Erwartungen. Wir sind eine vorläufige Welle, die gerade erkennt, daß sie eine vorläufige Welle ist und ihre Konsequenzen aus dieser Erkenntnis zu ziehen bereit ist.«

6. Historische Kollektive

Bei einem Blick zurück in die Vergangenheit erkennt man, daß ähnliche Versuche in anderen gesellschaftlichen Zusammenhängen bereits von den historischen Kollektiven in Gang gesetzt worden sind.

Die Geschichte der Kollektive reicht weit zurück und ihre Liste ist lang: das Kollektiv der Essener (um Chr. Geburt), die Labadisten, die Kommune Bethlehem, die Zoariten, die Oweniten, die Fourieristen, die Kommune Oneida, die Kommunen Bethel und Aurora, Wisconsin Phalanx, die Amana Society, die Kommune der Ikarier, die Brüder und Schwestern vom heiligen Geist, die Waldenser, die Wiedertäufer, die Shakers, die Rappisten, die Tolstoi-Bruderschaften, die Doukhobors, die Amish Society und die Brüderhöfe. Dazu gehören auch unbekanntere wie Fairhope Alabamy (1894), Ruskin Commonwealth (1894-9), Woman's Commonwealth (1876), Shalam (1882-96), Adonai-Shomo (1861-96).

Die historischen Kommunen waren im wesentlichen eine Reaktionsbewegung auf das Leben der Gesellschaften, aus denen sie emigrierten. Diese Absetzbewegung aus Europa war sowohl Flucht wie auch Protest. Flucht vor und Protest gegen die damalige ökonomische Struktur. In diesem Punkt waren sich die weltlichen Kommunen mit den religiösen eins. Die weltlichen Kommunen versuchten ihre Ideen zu verwirklichen, indem sie einen utopischen Sozialismus vorleben wollten, der durch eine gerechte Verteilung von Arbeit und Gütern bestimmt war. Die religiösen Gruppen nahmen die Bibeltexte zur Basis und versuchten auf dieser Basis eine Lebensform zu entwerfen, die eine gleiche Verteilung der Güter ermöglichte.

Trotz aller Gegensätze, trotz der Vielzahl unterschiedlicher Kollektive, die es in der Vergangenheit gegeben hat, wirkt die historische Kommunebewegung im Vergleich mit der gegenwärtigen Kollektivbewegung relativ geschlossen und gleichartig. Diese Gleichartigkeit wurde durch einige Faktoren bestimmt, in denen sich die historischen Kollektive eindeutig von den gegenwärtigen unterscheiden. Historische Kollektive wurden meist von Führungspersönlichkeiten gegründet, die über eine in ihrer Zeit herausragende Ausstrahlung verfügten. Die Kommunen wurden dabei nach vorab entworfenen Plänen gestaltet. Die Personen, die die Initiative zur Gründung historischer Kollektive übernahmen, entstammten zumeist den höheren Sozialschichten.

Alle übrigen Teilnehmer rekrutierten sich aus allen Ständen der damaligen Gesellschaft, waren Bauern, Handwerker, Kaufleute, Soldaten. Die Orte, an denen sie siedelten, waren zumeist unwirtliche Plätze, so daß die Teilnehmer einer solchen Unternehmung auch über eine stabile psychische Grundhaltung verfügen mußten, um den Widerständen, die sich ihnen entgegenstellten, trotzen zu können.

Die Teilnehmer waren wesentlich älter als das heute der Fall ist, ihr Alter lag im Schnitt zwischen 30 und 50 Jahren. Auch die Größenordnungen weisen sehr hohe Schwankungsbreiten auf. Die Kommunen hatten zwischen 5 und 1500 Mitgliedern, wobei die Durchschnittsgröße bei über 100 Personen lag.

Wie wurden nun die einzelnen Mitglieder ausgewählt? Entweder man hatte einen Kriterienkatalog, anhand dessen festgestellt wurde, ob der Bewerber zur Gruppe paßte oder nicht. Oder aber die Bewerber mußten eine gewisse Zeitlang in der Kommune leben und eine Probezeit absolvieren, bis man über ihre Aufnahme entscheiden konnte. Die Kontaktaufnahme mit einer Kommune ergab sich entweder aus der gemeinsamen religiösen Orientierung, oder aus Freundschaften und den Planungsgruppen, die sich aus persönlichen Freundschaften entwickelten. Die Mehrzahl der Kommunen war offen für neue Mitglieder.

Die Entscheidung für eine Kommune war in den meisten Fällen dann aber auch eine Lebensentscheidung. Vor diesem gemeinsamen Hintergrund entstand ein Gefühl gemeinsamen Schicksals und gemeinsamer Loyalität. Über das Verhältnis von Mitgliedern einer Kommune zu Nicht-Mitgliedern gab es keine Zweifel, auch das war eindeutig definiert. Die Trennung, die natürlich nicht im ökonomischen Bereich bestand, wenn Handel mit der Außenwelt betrieben wurde, ging ansonsten soweit, daß sogar ein Teil der kommunalen Sprache von Außenstehenden nicht verstanden wurde.

Der Besitz war in der Regel sozialisiert und zum Gemeinschaftseigentum erklärt worden. Wenn es Privatbesitz gab, dann nur in Größenordnungen, die unbedeutend waren. Auch in den Wohnstätten wurde eine größtmögliche Gemeinsamkeit angestrebt. Die einzelnen Familien wohnten in separaten Räumen, ansonsten wurde das Bild von gemeinsamen Küchen, Eßsälen und Versammlungsräumen bestimmt. Einige Kommunen verfügten auch über Schulen und Bibliotheken. Bei der Arbeitsteilung wurde zwar zunächst gemeinschaftliche Arbeit angestrebt, die sich jedoch regelmäßig sehr bald in eine Arbeitsteilung zwischen Mann und Frau veränderte.

Die Männer nahmen dabei den landwirtschaftlichen und gewerblichen

Bereich wahr, die Frauen den hauswirtschaftlichen. Die Entlohnung der Arbeit erfolgte in drei Formen:

- die Entlohnung in Form von Gemeinschaftsversorgung,
- die Entlohnung über einen Einheitslohn,
- die Entlohnung als anteilsmäßiger Lohn im Verhältnis zu den absolvierten Arbeitseinheiten.

In der Kindererziehung wurden sehr viele verschiedene Experimente durchgeführt, die für den jeweiligen geschichtlichen Kontext als progressiv zu bezeichnen sind. In der Mehrzahl der Kommunen wurden die Kinder sehr frühzeitig in Gemeinschaftseinrichtungen betreut.

Obwohl die Führung der Kommunen eindeutig von den jeweils beherrschenden Gründungspersönlichkeiten bestimmt war, war formal bei den meisten Kommunen das Führungsgremium ein gewählter Rat. An eine Stellung innerhalb des Rates waren keine Privilegien gebunden. Bei den religiösen Kommunen ist ein stärker hierarchischer Aufbau zu erkennen als bei den politisch ausgerichteten Kommunen. Die Hierarchie ist dabei sehr stark von Alter und Geschlecht bestimmt.

Die sexuellen Regelungen waren in den meisten Fällen an die Fortpflanzungsfunktion gebunden, wobei lediglich Oneida in diesem Bereich experimentierte, in abgeminderter Form auch die Fourieristen.

Die zeitliche Dauer dieser hier angeführten Kommunen variierte von 3 Monaten bis zu 87 Jahren. Heißt das nun, daß die historischen Kollektive als erfolgreiche Lebensexperimente zu betrachten sind? Bei der Frageformulierung wird schon bewußt, daß zur Beantwortung erst einmal bestimmt werden müßte, was denn hier Erfolg sein soll. Die zeitliche Bestandsdauer ist sicherlich für die damaligen Kommunen ein wesentliches Kriterium gewesen, viel stärker als es heute der Fall ist, wo zeitliche Kontinuität eigentlich für kaum einen Lebensbereich mehr zuverlässige Gültigkeit besitzt.

Eine lange Lebensdauer wurde bei den historischen Kollektiven dann erzielt, wenn ein gemeinsam geteiltes Wertesystem vorlag und dieses System über einen Satz von Bindungsmechanismen an die Kommunemitglieder vermittelt werden konnte. Sie mußten sich also an diese Werte gebunden fühlen und sie für sich akzeptieren. Die Einstellung der Mitglieder gegenüber ihrer Lebensgemeinschaft ist viel wichtiger als andere Faktoren wie Größe, Reichtum oder Arbeitsteilung.

Durch das Zusammenspiel von gemeinsam geteilten Wertvorstellungen und dem Gefühl der Bindung an das Kollektiv, dem Gefühl, daß das Kollektiv Heimat ist, wird es auch möglich, daß die Mitglieder eine neue Identität aufbauen. Sie mußten sich aus ihrer Vergangenheit lösen und sich in ihrer Gegenwart heimisch fühlen.

Wie dieser Prozeß nun im einzelnen aussah, soll an drei Beispielen plastisch gemacht werden. Es soll hier etwas mehr erzählt werden über zwei der erfolgreichsten Beispiele für historische Kollektive, nämlich Oneida und Brook Farm. Erfolgreich deshalb, weil es diesen beiden am ehesten gelang, Arbeit, Kultur und Freude in harmonischer Weise zu verbinden. Das dritte historische Kollektiv ist New Harmony, das Beispiel für ein grandioses Scheitern.

7. Das Oneida-Modell

Da Noyes, der Gründer der Kommune Oneida, sich bereits vor der Gründung von Oneida mit den Lebensläufen anderer Kommunen beschäftigt hat, begann er sein eigenes Experiment voller Vorsicht. 1840 gründete er mit einigen Familien eine Assoziation. 4 Jahre später waren die finanziellen Voraussetzungen für einen Kommunestart gegeben. Die 25 Gründungsfamilien gehörten alle der Bourgeoisie an, Noyes hatte Theologie studiert. Das Alter der Teilnehmer lag unter 40 Jahren. Die Gruppe vergrößerte sich sehr schnell, 1850 umfaßte sie bereits 185 Mitglieder.

Die Gemeinschaft war offen, man verfuhr jedoch sehr vorsichtig bei der Aufnahme neuer Mitglieder. Diese mußten ein Gelöbnis ablegen, das auch einen Verzicht auf Lohn enthielt.

Noyes Ideen entstammten seiner Interpretation der Bibel. Er wollte die Befreiung von Sünde weiter fortführen. Ebenfalls der Bibel entnahm er auch seine Ideen über das gemeinschaftliche Leben in der Kommune. Zentral für sein Denken war die Auffassung, daß es keine exklusiven Beziehungen zwischen Menschen, vor allem nicht zwischen einem Paar geben sollte... Denn diese Beziehung würde immer den Ausschluß von anderen Menschen bedeuten. Bekannt geworden sind seine Prinzipien unter den Bezeichnungen komplexe Ehe und gegenseitige Kritik. Bevor ich das, was sich hinter diesen Bezeichnungen verbirgt, näher erläutere, möchte ich noch einige Angaben zur Organisation und Geschichte dieses Kollektivs machen.

Mit 500 Hektar fruchtbaren Lands, sieben Häusern, einem Geschäft, einer Druckerei etablierte sich die Gemeinschaft und kombinierte manuelle Arbeit am Nachmittag mit Lesen, Singen, Schreiben und Debattieren am Abend. Es wurde Griechisch, Latein und Hebräisch unterrichtet, und in dieser Zeit begannen auch die wöchentlich stattfindenden Sitzungen gegenseitiger Kritik. 1864 wurde das Prinzip der männlichen Beschränkung, das im »coitus reservatus« bestand, und das Prinzip der komplexen Ehe angenommen. Das war zuviel für die Nachbarschaft, Noyes wurde des Ehebruchs und der Bigamie angeklagt. Er selbst sah jedoch noch keinen Sinn darin, als nutzloser Märtyrer zu scheitern, und kaufte so schnell es ging Land in einem anderen Staat der USA auf. 1848 zog der größte

Teil der Gruppe von Putney in Vermont nach Oneida in New Jersey um. Die Behausungen in Oneida waren in den ersten Jahren sehr armselig. Hütten verleihen nun mal keinen großen Wohnkomfort. Mit wachsendem Wohlstand konnte dann 1860 das Mansion Haus gebaut werden, in dem die Kommunarden untergebracht werden konnten. Neben einer Vielzahl von Gemeinschaftsräumen gab es auch Räume für Kinder, die nach den einzelnen Lebensaltern gestaffelt waren. Der gesamte Besitz war Eigentum der Gemeinschaft. Als 1880 der gemeinschaftliche Besitz abgeschafft wurde, erhielt jedes Kommunemitglied einen gleichen finanziellen Anteil von 200 Dollar.

Der Kontakt mit der Umgebung und Außenwelt war eher einseitig. Die umliegende Bevölkerung stand der Kommune Oneida wegen ihrem sexuellen Reglement sehr ablehnend gegenüber. Oneida selbst und vor allem Noyes publizierten dagegen regelmäßig und zahlreich ihre Theorie und Praxis in Zeitschriften und Büchern. Für diese intensive Öffentlichkeitsarbeit stand ihnen eine eigene Druckerei zur Verfügung.

Die Kommune produzierte als Produktionseinheit. Am Anfang lebte man vor allem von der Landwirtschaft, später beschäftigte man sich mit der Herstellung von Handtaschen, Konserven und baute sogar eine Seidenmanufaktur auf. Der Reichtum der Kommune stieg dadurch erheblich. Die Arbeit wurde nach einem Rotationsverfahren, das auch die persönlichen Präferenzen und Fähigkeiten der Mitglieder berücksichtigte, verteilt. Männer und Frauen wurden dabei völlig gleichwertig in den Produktionsprozeß einbezogen. Auch die Versorgung mit alltäglichen Gütern wurde für die ganze Gruppe gemeinschaftlich geregelt.

Die Fortpflanzung war nicht an ein Ehepaar gebunden. Die Frauen konnten von verschiedenen Männern Kinder haben. Der Säugling blieb bei der Mutter, bis er entwöhnt war. Dann kam er in das Kinderhaus, schlief aber nachts noch bei der Mutter, um dann ab dem dritten Lebensjahr auch nachts im Kinderhaus zu bleiben. Die Kinder konnten jedoch regelmäßig besucht werden. Die Kinderaufzucht wurde als Aufgabe der Gemeinschaft verstanden. Die Kindererziehung war auf geringe Autoritätsausübung ausgerichtet. Gewalt wurde abgelehnt. Es wurde auch versucht, enge Bindungen der Kinder untereinander zu verhindern, was aber offensichtlich nicht gelang. In der eigenen Schule wurden die Jugendlichen soweit gefördert, wie es ihren Fähigkeiten entsprach, einige bis hin zum Universitätsstudium.

Noyes war der informelle Leiter. Ansonsten herrschte ein demokratisches System. Die Organisation der Kommune wurde durch 21 ständige Komitees und 48 administrative Departments geregelt. Die Emanzipation der Frau wurde befürwortet und auch durch das Fehlen geschlechtsspezifischer Arbeit unterstützt. Gefördert wurde sie auch durch die Gleichbehandlung und die gleichen Möglichkeiten bei dem System der

Disziplinerhaltung und der gegenseitigen Kritik. Noyes lernte diese Form bereits während seines Theologiestudiums kennen. Die kritisierte Person sitzt schweigend, während sie in sehr offener Form entweder von der ganzen Kommune kritisiert wird oder aber von einem Komitee von sechs, acht, zwölf oder mehr ausgewählten Mitgliedern.

Erstaunlicherweise werden diese Mitglieder von den kritisierten Personen selbst ausgewählt, da man davon ausgeht, daß sie am besten den Charakter der kritisierten Person kennen und einschätzen können. Es hilft jedem sich so zu sehen, wie ihn die anderen sehen. Die Parallelität zu modernen Formen des Encounters und der Selbsterfahrungsgruppen ist offensichtlich. Mit dieser Form der Kritik wurde versucht, das in den Charakteren der einzelnen zu kurieren, was als Fehler betrachtet wurde. Dazu gehörten z. B. Unordnung verursachende Verhaltensgewohnheiten, Unhöflichkeit, Egoismus, Stolz, Dummheit, oder ein nörgelnder Charakter.

Typisch für eine Kritikrunde ist der Fall eines jungen Mannes, der hier Karl genannt werden soll. Er selbst hatte den Wunsch, kritisiert zu werden, und zwar von 15 Personen, zur Hälfte Frauen und zur Hälfte Personen unter 30 Jahren. Die Schwächen, die er bei sich selbst empfand, waren gewisse intellektuelle Schwierigkeiten und Zweifel, insbesondere ein Glaube an den Positivismus und die Ansicht, daß Religion doch eher unbedeutend ist. Man darf nicht vergessen, in welcher Zeit diese Zweifel geäußert wurden, also um 1850 herum. Von den Kritikern wurde ihm entgegengehalten, daß er bislang zuviel Glück gehabt hätte. Hätte er nicht soviel Glück gehabt, wäre aus ihm ein besserer Mann geworden, weshalb er etwas überheblich in seiner eigenen Selbsteinschätzung sei und zuwenig bei anderen Rat suche.

Von dem Leiter dieser Runde, Noyes, wurden die Kritiken zusammengefaßt und als ernsthaft angesehen, aber gleichzeitig wurden auch Karls positive Charakterzüge betont. Es fand also keine Vernichtung der Persönlichkeit des Kritisierten statt, sondern die Schwierigkeiten, die die anderen Mitglieder mit ihm hatten, wurden offen ausgesprochen, um sie auszuräumen. Teilweise wurden mit dieser Form der Aussprache sogar Heilungserfolge bei kranken Patienten erzielt.

Von der Kritik wurden auch nicht die Führer der Gruppen ausgenommen. Monogame Eheschließungen liefen zwar Noyes religiösen Überzeugungen entgegen, die komplexe Ehe und die männliche Beschränkung dienten aber auch wesentlich der Überwindung der Probleme, die Frauen bei der Geburt erfahren. Diese sah Noyes vor allem in der hohen Zahl von Totgeburten bzw. geistig und körperlich behinderten Säuglingen. Das praktizierte System der geregelten Promiskuität und der Geburtenregelung funktionierte gut. Es hatte immerhin 85 Kinder in zehn Jahren zur Folge und soll ein sehr inniges Verhältnis der Mitglieder zueinander hervorgerufen haben. Wichtig war, daß niemand gezwungen werden konnte, mit jemandem intim zusammenzusein, den er nicht mochte. Als Experiment wurden eine Zeitlang sogar 24 Männer und 20 Frauen zusammengestellt, um für den Geburtennachschub zu sorgen.

Der Abgang an Mitgliedern war sehr gering. Der größte Teil der jüngeren, denen ein Studium ermöglicht wurde, kehrte zur Kommune zurück. Da diese Studiengänge technisch oder sozial ausgerichtet waren, wurde somit das Wissen der Kommune jeweils vitalisiert. 1879 gaben die Kommunarden auf den Druck der Öffentlichkeit hin ihre Gruppenehe auf. Kurze Zeit danach teilte man den Besitz in Einzelanteile auf und gründete eine Aktiengesellschaft.

Fragt man sich, warum Oneida heute nicht mehr existiert, wenn Otto Mühls AA-Kommune auch ein gewisses Nachfolgerecht für sich beanspruchen könnte, dann kommen verschiedene Faktoren zusammen. Zum einen verlor die Religionsausübung ihre bindende Kraft, sie und die ganze Idee der Kommune konnte auch nicht erfolgreich den Kindern der Gründer, der zweiten Generation, vermittelt werden. Darüber hinaus war mit dem Ausscheiden von Noyes die überzeugende und vereinigende Führerpersönlichkeit entfallen, so daß mit dem zunehmenden Reichtum der Kommune die materialistischen Einzelinteressen Überhand gewannen. Immerhin sollte im Gedächtnis bleiben, daß alles in allem dieses Lebensexperiment ein ganzes Erwachsenenleben ausgefüllt hat, nämlich 39 Jahre.

8. Das Brook Farm-Modell

1841 wird nach einigem Experimentieren im Vorsommer, im wesentlichen auf die Initiative des unitarischen Geistlichen Ripley hin, in der Nähe von Boston Brook Farm gegründet. Begonnen hatte die Gruppe mit fünf Personen, einige Monate später waren es bereits sechzehn. Die Kommunarden kamen aus der Intelligentia und hatten so klangvolle Namen wie Nathaniel Hawthorne oder Thoreau.

Die Gründergruppe war sehr homogen, was ihren theoretischen Erfahrungsstand und ihre Erwartungen anging. Die Kommune war offen für neue Mitglieder, an die aber ebenfalls sehr hohe Ansprüche gestellt wurden. Die Auswahl erfolgte stets erst nach einer zweimonatigen Probezeit.

Die Mitglieder hatten eine neue Gesellschaft vor Augen, in der handwerkliche und geistige Arbeit sich die Waage hielten. Auch bei der Erziehung der Kinder sollte der Nachdruck auf der Entwicklung von Ideen, der Produktion geistiger Werte liegen. Die Kommune sollte als Vorbild dienen für den Rest der Welt.

Im Laufe der Zeit wurden vier große Häuser gebaut. Die Ehepaare wohnten zusammen, Alleinstehende hatten eine eigene Kammer und die jüngeren schliefen in Schlafsälen. Es gab einen gemeinschaftlichen Eßsaal, eine Küche und eine Bibliothek. Man betrieb Landwirtschaft, eine Schule, später kamen eine Baumschule und die Fabrikation von Fensterrahmen, Schuhen, Lampen und Porzellanwaren dazu. Die Arbeit wurde gleichmäßig verteilt, Festlohn für die Mitglieder gab es nicht. Dafür wurde der Gewinn ebenfalls gleichmäßig verteilt. Jeder, der mehr als 300 Tage im Jahr gearbeitet hatte, bekam einen entsprechenden Anteil am Gewinn. Bei einer Auflösung bestand die Absicht, das Geld gemäß den Eigentumsrechten zu verteilen.

Es wurde ein sehr reger Kontakt mit dem Freundeskreis der Transzendentalisten in Boston, zu denen auch Thoreau gehörte, aufrechterhalten. Auch Personen, die sich für das Experiment interessierten, wurden offen aufgenommen. Es gab dadurch einen regen Besucherstrom und in den ersten 6 Jahren wohnten etwa 200 Personen für kurze Zeitabschnitte auf Brook Farm.

Es wurde keine Fremdarbeit angeheuert und auch nicht außerhalb der

Kommune gearbeitet. Wichtig war nicht, welche Arbeit man machte, sondern daß man seinen Anteil an der Gemeinschaftsarbeit erfüllte. Auch die Hausarbeit wurde so über alle Gruppenmitglieder verteilt.

Die Kinder wurden in monogamen Beziehungen gezeugt. Die Verantwortung für die Erziehung lag im wesentlichen bei den Eltern. Im Erziehungsprozeß wurde vor allem darauf geachtet, eine große geistige Freiheit und Beweglichkeit zu erzielen. Insgesamt wurde der Erziehung großer Raum eingeräumt, wie auch die Schule der Kommune mit eigenen Lehrkräften bezeugt. Jedes Kind sollte durch diese Erziehung gleiche Chancen bekommen.

Es gab keinen offiziellen Führer. Das Ehepaar Ripley wurde informell als für die Vertretung nach außen zuständig betrachtet. Drei Jahre lang lebte man nach dem in der Konstitution verankerten System der brüderlichen Kooperation, jeder war sich selbst verantwortlich. Die Emanzipation der Frau wurde unterstützt. Jährlich wurden von der Mitgliederversammlung vier Vertrauenspersonen gewählt, die für die Verwaltung des Vermögens zuständig waren. Eheschließungen wurden akzeptiert, obwohl sehr wenige Familien in der Kommune lebten. Die meisten Mitglieder waren alleinstehend. Das Gemeinschaftsleben galt als harmonisch, tolerant, von geistiger Aufgeschlossenheit und gegenseitiger Achtung geprägt.

Finanzieller Erfolg war jedenfalls nicht die Zielsetzung dieser Unternehmung. Die Farmer versuchten soviel Freizeit wie möglich zu erhalten, um in dieser Freizeit Kunst, Kultur und eine humanistische Sozialphilosophie zu entwickeln. Sie wollten mit der Vermeidung jedes sozialen Formalismus und religiösen Dogmas die Prinzipien von Liebe und Gerechtigkeit durchsetzen.

Leider gab es zu der Zeit das konkurrierende Kommuneprinzip des Franzosen Fourier, das schließlich auf Wunsch der Mehrheit der Brook Farmer übernommen wurde. Die Geselligkeit erwuchs daraufhin nicht mehr organisch aus den friedlichen Aktivitäten der Mitglieder. Theateraufführungen, Lesungen der Klassiker, Kostüm-Parties und Picknicks verschwanden langsam aus dem Alltagsbild; Emerson, Thoreau und andere Literaten verbrachten keine Besuche mehr auf der Farm. Die einzigartige Atmosphäre, die jede Aktivität auf der Farm stimuliert hatte, war verschwunden. Neue Mitglieder brachten Unstimmigkeiten in die Gruppe und störten die bis dahin delikate Balance sozialer Einheit. Hinzu kam, daß die große Phalanx, die die Farmer zwei Jahre permanenter Arbeit und einen Großteil ihres Vermögens gekostet hatte, Feuer fing und niederbrannte. 1847, nach 6 Jahren, hatten die Farmer nach diesem Ereignis weder Lust noch Geld für die weitere Aufrechterhaltung von Brook Farm. Es verlosch, um in Gedanken als erstrebenswerte Realisierung einer Utopie weiterzuleben.

9. Das New Harmony-Modell

Die dritte große Persönlichkeit neben dem Detailkenner, Kommune-Biografen und religiösen Reformator John Hunphrey Noyes, der Oneida schuf, dem mittellosen Utopieplaner Charles Fourier, der die Gründung zahlreicher Phalanxen inspirierte, war Robert Owen, der schottische Sozialreformer. Er kam mit der Reputation nach USA, in New Lanark/Schottland in seiner Spinnerei-Fabrik einen Teil des Kapitalüberschusses seinen Arbeitern durch Sozialleistungen rückvergütet zu haben. Das hatte ihm einen guten Namen und bei den ohnehin von widerstreitenden Gefühlen bei dem Wort »Industrialisierung« geplagten Fürsten, Herzögen und Baronen einen hervorragenden Ruf eingebracht. Mit dem Vertrauen der alten Welt im Rücken konnte er vor dem amerikanischen Repräsentantenhaus, ja sogar vor dem amerikanischen Präsidenten mehrere Male seine Pläne vortragen.

In der Folge dieser Aktivitäten wurden in den Jahren 1825 und 1826 mehrere Kommunen gegründet. Die größte und mit drei Jahren neben Nashoba in Tennessee am längsten bestehende war New Harmony. Sie soll deshalb stellvertretend für viele andere Kommunen hier beschrieben werden.

New Harmony wurde 1825 gegründet. Owen kaufte einer anderen Kommune, den Rappisten, 30000 Hektar Land ab, auf denen ein komplettes Dorf mit Häusern, Schlafstätten, einer Kirche, vier Mühlen, einer Textilfabrik, Destillerien und verschiedene mechanisierte Werkstätten standen. Zu Beginn nahm Owen sehr aktiv an den Vorbereitungen zu der von ihm angestrebten kooperativen Gesellschaft teil, zog sich dann aber wegen seiner Öffentlichkeitsarbeit stärker zurück und überließ die Kommune sich selbst.

Das erste Jahr wurde als Übergangsjahr betrachtet, danach ging man zu einer gemeinschaftlichen Finanzierung der Kommune über. Die Mitglieder der Kommune streuten sich breit über alle Alters- und Bevölkerungsschichten, was verständlich ist, wenn man erfährt, daß sie durch eine Anzeigenkampagne geworben worden waren. Noyes beschrieb dieses Vorgehen, eine Kommune zu gründen, einmal so, als ob man per Heiratsannonce eine Frau suchen würde. Sein Kommentar dazu war, daß er noch nie gehört hätte, daß jemand auf diese Weise eine wirklich gute Frau bekommen hätte. Nun, im Falle von New Harmony trog ihn seine Vorstellungswelt nicht.

Die Mitglieder kamen mit den unterschiedlichsten Motiven und Fähigkeiten. Nur 116 von ihnen waren Fachleute, die die übernommenen Betriebe weiterführen konnten. Es gab keine Selektionskriterien, da ein Verzicht darauf auch zu Owens Ausgangspunkten gehörte. Er glaubte, daß jeder Mensch durch eine positiv fördernde Umgebung selbst gut werden würde. Deshalb stand die Kommune anfangs auch allen Neuankömmlingen offen gegenüber, was aber bald eingestellt wurde, da die Kommune übervoll war.

Owen hatte bei seiner Kommunegründung ein neues Modell des Zusammenlebens vor Augen. Aus einem egoistischen System sollte ein soziales System werden. Voraussetzung dafür war das Herstellen guter Lebensumstände mit ökonomischer und sozialer Gleichheit der Mitglieder. New Harmony sollte als Symbol gelten, das der Menschheit die Augen öffnen und die Überlegenheit der kooperativen Güterproduktion demonstrieren sollte.

Die Wohnungen waren aufgeteilt in gemeinschaftliche Räume wie Bibliothek, Eßsaal, Vortragssaal, Schule und private Räume für die Familien. Die Entlohnung der Arbeit sollte nach dem Einführungsjahr in einen Einheitslohn münden. Produktionsmittel, Häuser und dergleichen sollten weiterhin Eigentum der Gemeinschaft bleiben. In der New Harmony Community of Equality wurde die gleiche Vergütung von Arbeitsleistungen ohne Berücksichtigung des Stellenwerts der geleisteten Arbeit dann auch vollzogen.

Die Kommune lebte nach der Gründung relativ abgeschlossen. Lediglich Owen reiste und hielt Vorträge, um seine Idee zu propagieren. Der progressive Charakter seiner Vorstellungen zog darüber hinaus viele Intellektuelle und Wissenschaftler an. So blieben dann in New Harmony William McClure, der Begründer der Akademie der Naturwissenschaften in Philadelphia; Thomas Say, der Vater der amerikanischen Zoologie; Charles Leseur, der französische Naturwissenschaftler und Erforscher Asiens und die erste Frauenrechtlerin der USA, Frances Wright.

Die Arbeitsteilung war dem heutigen Sprachgebrauch nach traditional. Die Männer arbeiteten auf dem Feld und in den Werkstätten, die Frauen versorgten den Haushalt und die Kinder. Jeder konnte sein verdientes Geld ausgeben, wie er wollte.

Verantwortlich für die Kindererziehung und -planung blieben zwar die Eltern und Familien, sie wurden aber durch Gemeinschaftseinrichtungen sehr stark unterstützt. In einem Kindergarten wurden den 3-8jährigen spielerisch die Grundbegriffe ihrer Umwelt erklärt, wobei das Schwergewicht auf der Entwicklung selbständigen Denkens lag. Owen und Mc-

Clure waren in der Kindererziehung innovativ für die USA. Die erste Kinderkrippe, der erste Kindergarten, die erste Gewerbeschule, das erste Schulsystem, das auf einer gemeinsamen Erziehung und gleicher Ausbildung von Jungen und Mädchen beruhte, die erste sich selbst verwaltende oder freie Schule und die erste öffentliche Bücherei im Zusammenhang mit dem noch heute existierenden ›The Workingsman's Institute‹ gehen auf diese beiden zurück.

Die Führung der Gruppe wurde nach demokratischen Prinzipien vorgenommen. Alle Mitglieder über 21 Jahren waren wahlberechtigt. Die ideellen und sozialen Differenzen unter den Mitgliedern bewirkten jedoch das Verabschieden von fünf verschiedenen Konstitutionen innerhalb eines Jahres, und dann auch die Abspaltung von vier verschiedenen Gruppen.

Nach Owens Vorstellungen sollte diese Kommune auch von der Einzelfamilie zur Gemeinschaft von vielen Familien mit gleichen Interessen wachsen. In der Realität bestand die Kommune jedoch aus einer großen Anzahl von unverbundenen Familien. Die sexuelle Regelung war monogam.

Während des Bestehens der Kommune sind zahlreiche Mitglieder ausgetreten, die genaue Zahl ist nicht bekannt. Es gab eine nicht unwesentliche Zahl von Konflikten in der Kommune, auch wenn sie zu Beginn ein intensives Gemeinschaftsleben in Form von Abendveranstaltungen, Festen und Konzerten hatte. Die Kommune dauerte insgesamt mit dem Übergangsjahr drei Jahre bis zum Jahr 1828.

Die Gründe für die Auflösung müssen wohl in einer Vielzahl von Faktoren gesucht werden. Wie Noyes richtig bemerkte, konnten durch die fehlende Auswahl der Mitglieder zu viele Profiteure und Trittbrettfahrer an diesem Experiment teilnehmen. Gescheiterte Existenzen versuchten nun ihr Glück in der Kommune, ohne echte Begeisterung und Verständnis für die zugrundeliegende Ideologie aufzubringen. Ungünstig für die Entwicklung von New Harmony war sicher auch die Abwesenheit Owens während des ersten Jahres. Er wurde natürlicherweise als das Haupt der Unternehmung betrachtet und sein ständiger Einfluß hätte die Mitglieder vielleicht zusammengehalten und vereinigt. Aber auch das ist zweifelhaft, wie auch Sargant, der englische Biograph von Owen, feststellt. Er meint, daß die Charaktere von Männern und Frauen nicht zum Gemeinschaftsleben geführt werden können, wenn sie noch von dem intensiven Individualismus ihrer Umwelt geprägt worden sind.

Die gemeinsame Entlohnung, auch für die passiven Teilnehmer, raubte den gutwilligen den verbliebenen Enthusiasmus, sodaß sich die kleinen alltäglichen Reibereien und Konflikte häuften und durch nicht unbeträchtlichen Alkoholgenuß noch verstärkt wurden, da die Tatsache, daß die USA 1825 eine Nation von Trunkenbolden war, auch vor Owens Experiment nicht halt machte.

Alt geworden kam Owens zu der Einsicht, daß er die materiellen, intellektuellen, moralischen und praktischen Dinge des Lebens verstanden hätte, aber nicht die spirituellen, die den Charakter eines Menschen formen würden.

Trotz des Scheiterns dieser ersten nicht-religiösen Kommune hat Owens Idee weiter fortgewirkt und auch Auswirkungen auf die Gesamtgesellschaft gehabt. Es ist nicht immer der Erfolg einer Idee wichtig, wichtig ist, daß es bestimmte Ideen überhaupt gibt. Unmittelbar im Anschluß an die historischen Kollektive folgen auf den weiteren Seiten dieses Bandes Beispiele für Kollektive des Jahres 1978. Der Vergleich wird mit frappierender Eindringlichkeit die Gemeinsamkeiten und die Unterschiede aufzeigen. Auf eine Dokumentation der Zwischenschritte ist bewußt verzichtet worden, da es über die Kommune I, II oder andere in der Zeit von 1966-1978 genügend Informationen gab und gibt. Hier soll vor allem gezeigt werden, daß trotz der neuen Innerlichkeit und dem resignierenden Fazit, daß die Wohngemeinschaftsbewegung sich doch eigentlich tot gelaufen habe, diese nach wie vor lebt. Quantitativ hat sie in jedem Fall an Gewicht zugenommen, ob qualitativ, mag jeder für sich selbst nach dem Studium der Interviews entscheiden.

10. Beispiele für kollektives Leben

Die fünf kollektiven Lebensformen, die, als Interview präsentiert, folgen, stellen einen kleinen, aber informativen Ausschnitt aus der Vielzahl der Organisationsformen dar.

Mir ging es im wesentlichen darum, die Authentizität der Darstellung und damit auch der Kollektive zu wahren. Erfahrungen, von denen man vermutet, daß sie wesentlich für das eigene Weiterleben sein könnten, sollten zwar immer selbst vollzogen werden. Durch die ungeschminkte Weitergabe von Erfahrungen kann der Grad des unmittelbaren Nacherlebens dieser Erfahrungen sehr stark ausgeweitet werden.

Als Vorgabe bedeutet das eine massive Offenheit bei den Informanten, die von dem Leser in ihrem Mut respektiert werden sollte. Unverfälschte Hoffnungen, Enttäuschungen, Betroffenheiten spiegeln sich in den ausgebreiteten Aussagen wider und berühren sicherlich eingestandene oder uneingestandene Erlebniswelten des Lesers. Dieser sollte hineintauchen in einen Alltag, der für ihn möglicherweise fast unverständlich fremd sein könnte oder aber ganz nah, weil er seiner eigenen gelebten alternativen Lebenspraxis so ähnelt.

Die Texte geben den Originalton wieder, auch mit den unkorrigierten Brüchen der Sprache, die fast allen von uns als Signale von Vertrautheit und emotionaler Spontaneität bekannt sein dürften. Lediglich die Fragen des Interviewers sind auf Stichworte reduziert worden, da seine Funktion als Medium und Reflektor hinter die Informationen der Kollektivmitglieder zurücktreten sollte. Der Fluß des Interviews ist beibehalten worden, um den *gruppendynamischen Prozeß* der Interviewsituation nicht durch nachträgliche Zusammenfassungen und Umstellungen zu verändern und somit möglicherweise zu verfälschen.*

Die Kollektive wohnen in Berlin, Braunschweig, Düsseldorf, Hamburg und Jagsthausen und sind zur Wahrung der Intimität der Informanten anonymisiert worden, wo es gewünscht wurde und notwendig erschien.

* Aus diesem Grunde wurden redaktionelle Eingriffe nur dort vorgenommen, wo sie unbedingt als nötig erschienen. (Die Red.).

Beispiel 1:

Elke, Erika, Inge, Bernd, Hartmut und Ulli bilden die erste Gruppe, die ich interviewt habe.

Sie sind 26, 28, 29, 33 und 2x35 Jahre alt. Elke, Inge und Hartmut haben Beziehungen zu Partnern außerhalb der Wohngemeinschaft. Erika, Bernd und Ulli hatten früher eine Beziehung (intime) zueinander und stehen jetzt in einem schwierigen Ablösungs-, Zuordnungs-, Rückbesinnungs- und Neudefinierungs-Verhältnis zueinander.

Ihre Elternhäuser sind wohl der unteren Mittelschicht zuzurechnen, die Mitglieder selbst sind examinierte Sozialpädagogen, Bernd studiert noch Sozialpädagogik, Elke ist Lehrerin.

Die Gruppe wohnt in einem der besten Wohnviertel dieser Stadt in einem Altbau aus der Jahrhundertwende, der sehr gut erhalten ist.

Motivation

I.: Du sagst, daß das für dich ein Findungsprozeß ist.

Elke: Ich weiß mit Sicherheit, daß ich nicht ausgezogen wäre, wenn sich nicht diese Möglichkeit ergeben hätte. Also dieser Schritt von ganz lange in der Zweierbeziehung leben zu ganz allein, der wäre mir zu groß gewesen. So war diese Umleitung genau richtig. Und so bin ich hier auch angetreten.

I.: Wie lange wohnst du denn schon hier?

Elke: Seit November 1977, also seit 9 Monaten.

Inge: Ich wohne jetzt anderthalb Monate hier.

Elke: Also noch mal zu dem Findungsprozeß: Findungsprozeß insofern, weil dieses ganz lange Leben in einer Zweierbeziehung eine ganz schöne Einengung der Möglichkeiten ist. Ich habe praktisch Elternhaus und dann 13 Jahre Ehe und sonst nichts anderes erlebt, und von daher ist das hier erst mal für mich eine wichtige Erfahrung. Weil man auch immer einen Rückhalt hat und nicht total ausgesetzt ist. Ich habe also hier die Möglichkeit, Ansprechpartner zu finden, und das ist sehr wichtig.

I.: Ist das für dich nun der Übergang zu einer neuen Zweierbeziehung?

Elke: Das kann genausogut der Übergang für eine andere Form des Zusammenlebens sein, meinetwegen auch Wohngemeinschaft. Nur das, was mir hier z.B. nicht ausreicht, ist Platz, deshalb ist die konkrete Gruppe hier für mich ein Übergang. Sechs Personen wären mir auf die Dauer auch zuviel, weil ich nicht die Möglichkeit sehe, mich intensiv auf fünf Leute zu konzentrieren. Ich schaffe da nur zwei oder drei, das merke ich auch hier. Bei meinem Anspruch an Intensität sehe ich, daß ich nicht mehr schaffe, da würde ich mich sonst übernehmen.

I.: Ist man nicht mit jedem auf eine andere Art intensiv?

Elke: Das ist richtig. Aber mit einigen auch eben gar nicht, die laufen dann so nebenher, und da denke ich mir, da könnte die Wohngemeinschaft auch kleiner sein.

I.: Ist das für dich auch ein Problem, Inge?

Inge: Für mich ist das noch nicht klar. Im Moment ist es so, daß ich zu den beiden Frauen einen stärkeren Kontakt habe. Ich bin eigentlich noch so in der Phase des Kennenlernens, und brauch auch für mich ziemlich viel Zeit. Ich ziehe mich ziemlich viel zurück. Und zu den Männern habe ich zum Teil sehr wenig Kontakt. Das liegt aber auch wahrscheinlich an meiner Verfassung, daß Gespräche mit Elke und Erika besser für mich sind.

I.: Bernd, Erika und Ulli, könnt ihr mir auch noch erzählen, was eure Motivation war, in dieses Kollektiv zu gehen?

Ulli: Mein Vater hat mit 11 Jahren schon dafür gesorgt, daß ich aus der Familie herauskomme, Gruppenleben kennenlerne und sehe, wie die anderen Menschen sind. Das waren vor allem Jugendgruppen. Dazu kam dann noch, daß ich mich in der Ablösungsphase von Zuhause so ziemlich gegen alles gewandt habe, was die dort gemacht haben und vertreten haben und was die für Erwartungen an mich hatten, wie ich mal sein soll. Also beruflich sollte ich natürlich auch mal ganz oben landen. Ja, das sieht so aus, daß meine Mutter immer noch nicht ganz mitgekriegt hat, daß ich nur Fachhochschulabschluß habe, und jetzt bekommt sie es so langsam mit und fragt mich, ob ich nicht nochmal studieren will.

Ja, 1972 bin ich dann in eine Wohngemeinschaft gezogen. In diese hier bin ich dann eingezogen, als ich allein nach XY gekommen bin. Ja, es stand für mich von meinem Bedürfnis her nie zur Frage, alleine zu leben. Steht es auch jetzt nicht, ich habe keinerlei Bedürfnis danach. Und sehe aus dem Grund im Moment auch nichts, was mir irgendwie helfen könnte oder was mir einen neuen Lebensstil oder neue Erfahrungen für meine Probleme oder sowas geben könnte. Ich habe aber bestimmte Vorstellungen, wie ich gerne wohnen möchte, was ich vielleicht auch erwarten kann, was ich für Wünsche habe auch an Leute, wenn ich in einer WG wohne.

Das ist wohl als erstes ein hohes Maß an Vertraulichkeit, daß man sich zuhause fühlt, das heißt also, daß man positive Erwartungen aneinander hat, daß man von dem anderen Interesse erwartet, daß man sich eben getragen fühlt, sozial getragen fühlt, menschlich getragen fühlt. Und das andere ist eben die Lebensbedingungen, von denen ich Vorstellungen habe. Da stand ich allein in YX und da habe ich mich hier angeschlossen. Die WG hier deckt vor allen Dingen so Sachen ab, wie einmal das Vertrautsein schon.

Dann habe ich auch eine neue Erfahrung gemacht, nämlich die Art und Weise, wie wir hier unter den Verhältnissen, unter denen wir hier zusammenwohnen, mit den Problemen umgehen, und was für welche aufkommen. Die WG waren bisher eigentlich mehr darauf aus zusammenzuleben oder sagen wir mal, es ideell zu nehmen, das heißt: das, was so normal strukturiert ist in Arbeit, die Verpflichtungen, die daraus entstehen, in der WG abzubauen, zugunsten irgendeiner ideellen Erwartung, eine Gemeinschaft zu machen.

I.: Wie ist das bei dir, Bernd?

Bernd: Meine Motivation war, nicht alleine leben zu wollen, und natürlich auch Anreize zu bekommen, mein Leben schlicht sinnvoller zu gestalten. Ich habe vorher ein Jahr allein gelebt, von daher habe ich das Gruppenleben ohnehin für sinnvoller gehalten.

Erika: Ich habe nach meiner zweiten Ausbildung in drei, vier verschiedenen Heimen gelebt, Kinderheimen, was immer auch sehr stark bedeutete, mit Gruppen zusammenzusein. Und dann habe ich zum ersten Mal ein halbes Jahr im Team mit einer Gruppe zusammengearbeitet. Das war eine gemischte Gruppe. Ich habe erfahren, wie erfreulich das sein kann, wenn übliche Rollenvorstellungen so total aufgelöst werden. Ich habe das als ungeheure Befreiung empfunden.

Ich bin dann nach XY gekommen, habe mir zuerst ein Zimmer zur Untermiete gesucht und habe dann die Gruppe über Anzeigen gefunden, und merkte dann allerdings, als ich mich vorstellte, daß ich bereits vorher Mitglieder aus dieser Gruppe kannte.

Selektion der Mitglieder

I.: Wie hast du die Gruppe kennengelernt?

Bernd: Ich bin jetzt seit Juni 77 in der Gruppe und bin über einen Anschlag in der Uni an die Gruppe gekommen.

Ulli: Ich über die Montagsnotizen.

Inge: Durch eine Anzeige in den Montagsnotizen, an der Uni habe ich auch geguckt. Ich bin dann zu mehreren Wohngemeinschaften gegangen mit etlichen Vorstellungsgesprächen, und da hatte ich hier also gleich ein unheimlich gutes Gefühl. Es sollte zwar alles schön locker laufen, aber man ist schon in einer Prüfsituation.

Erika: Also ich fand das erste Gespräch überhaupt nicht locker. Es war nämlich noch jemand dabei, und die überrollte einen, die war jung und spritzig, hübsch zurechtgemacht, also wirkte sie auf den ersten Moment, aber man spürte auch eine ungeheure Hektik in ihr, alles erfassen wollen und das Leben in vollen Zügen genießen und ja keine Verbindlichkeiten, die war auch schon 26. Es war alles so dick aufgetragen, daß es einem auf die Nerven ging. Und Inge wurde immer ruhiger.

Inge: Ja, ich konnte da einfach nichts sagen. Außerdem hätte ich mich dann in offene Konkurrenz zu ihr gebracht.

Erika: Das hättest du doch können. Du hast doch genauso ein Recht dich darzustellen wie sie. Wir wußten im Grunde nicht, wer du bist, bloß die andere fiel so stark aus dem Rahmen, daß wir alle nur mit Abwehr reagierten. Dazu kam, daß wir unheimlich genervt waren, weil wir nicht mehr konnten. Wir konnten nicht mehr neue Leute aufnehmen, wir hatten ein halbes Jahr gesucht. Inge kam dann noch mal allein und das war dann sehr gut.

Inge: Es ist noch so, daß ich mich unheimlich schwer darstellen kann, und das war eine ganz extreme Situation und das empfinde ich als unheimlichen Vertrauensvorschuß von der WG, mich unter diesen Bedingungen akzeptiert zu haben und das gibt mir auch ein sehr gutes Gefühl.

Elke: Ein halbes Jahr haben wir gesucht, weil wir eben erwachsene und kritische Leute sind. Außerdem war Bedingung, daß wir einen einstimmigen Gruppenbeschluß haben. Wir hatten uns einmal auf eine Frau geeinigt, und die hat dann aber abgesagt. Da waren wir ganz schön sauer. Das lag aber sicher nicht nur an den Leuten, sondern auch an unserer damaligen Situation, weil wir ganz schön in Schwierigkeiten zu der Zeit waren. Wir waren eigentlich gar nicht bereit, irgendjemand neues hier hereinzunehmen, nur finanziell waren wir eben dazu gezwungen. Von der inneren Situation her hatten wir eigentlich Lust, erstmal unsere Beziehungen zu klären.

I.: Was mußtet ihr denn da klären?

Elke: Im wesentlichen mußten zwei Männer und Erika ihre Beziehung klären.

I.: Und das hat sich dann gelegt?

Elke: Naja so langsam legt es sich.

I.: Belastet das die WG sehr stark?

Elke: Unheimlich. Insofern, daß wir dann auch nicht so oberflächlich damit umgehen wollen, sondern schon das klären wollen. Wir haben auch wenig Möglichkeiten, das auf die lange Bank zu schieben. Das war also damals sehr belastend: wir mußten jemand neuen hereinbekommen und hatten unsere eigenen Probleme nicht richtig im Griff.

I.: Wirkte sich das denn auf die Alltagsorganisation aus?

Elke: Da weniger. Es brannte immer da, wo es dann so Fragen gab von Leuten, die sich vorstellten und dann fragten, wie regelt ihr denn eure Probleme und einer von uns dann sagte, wir packen das so einigermaßen und andere von uns das überhaupt nicht fanden. Waren die dann weg, gab es hier die Auseinandersetzungen.

I.: Stellten sich eigentlich sehr verschiedene Interessenten vor?

Elke: Witzigerweise waren das meistens Sozialpädagogen, eine einzige Juristin war dabei. Ich kenne z.B. auch eine ganze Menge von WG, wo andere Leute zusammenleben, Rundfunkleute, Journalisten usw. Ne ganze Reihe von denen, die sich meldeten, waren gerade aus dem Beruf raus, also irgendwo in einer Umbruchsituation. Neues Studium aufnehmen oder neue Orientierungen suchen oder aus einer anderen Stadt zugezogen. Aus Beziehungen heraus waren eigentlich nicht so viele.

I.: Würdet ihr sagen, daß in eurem Elternhaus irgendwas angelegt worden ist, was euch für WG prädestiniert hat?

Elke + Inge: Überhaupt nicht.

Inge: Bei mir geht das zurück auf die Studentenbewegung 67/68.

Elke: Ich habe mir lange vorgestellt, daß es schön wäre, mit mehreren Leuten zusammenzuwohnen. Diese Ansicht hat aber mein Mann wenig geteilt.

I.: Wie hast du diese WG kennengelernt?

Elke: Ich habe die Erika mal auf einer Tagung kennengelernt, in einer Selbsterfahrungsgruppe, und traf sie dann zufällig wieder. Und da fragte sie mich, ob ich nicht jemand wüßte, sie suchten nämlich. Und da habe ich mich ganz spontan entschlossen. Da wohnte ich auch noch mit meinem Mann zusammen.

I.: War denn dein Mann von deiner Spontaneität nicht ziemlich überrascht?

Elke: Oh ja. Aber ohne diese Möglichkeit hätte ich den Absprung auch so schnell nicht gefunden. Für mich war die Ausgangsperson, aber auch als Beziehungsperson in der Wohngemeinschaft, die Erika. Ich hatte sie vorher schon kennengelernt. Und dann lernte ich als nächstes eigentlich Ulli kennen, mit dem ich sehr intensiven Kontakt hatte, und dann ein ganz bißchen Bernd, sehr kurz, aber auch intensiv, und jetzt eigentlich hauptsächlich die beiden Frauen.

Inge: Ich möchte aber auch nicht in einer reinen Frauenwohngemeinschaft leben. Ich finde es gut, daß auch Männer da sind.

Elke: Also ich überlege mir im Moment, ob ich nicht in einer Zweierbeziehung mit einer Frau zusammenleben möchte...

Inge: Das habe ich ja im letzten Jahr gemacht, und fand das unheimlich gut...

Elke: Das wäre für mich im Moment eine Perspektive.

I.: Deine Ehe ist also quasi beendet, Elke?

Elke: Für mich sieht es so aus, daß es aus ist. Bei meinem Mann sieht es etwas anders aus, der möchte weitermachen. Daß es aus ist, hat sich eigentlich für mich durch diese Distanz, die ich brauchte, konkretisiert, hier in der Gruppe. Diese Erkenntnis liegt bei mir ein bis zwei Monate zurück, die Trennung dagegen schon neun Monate.

Inge: Mein Mann und ich möchten beide eine Beziehung zueinander, nur den Grad, den wir in dieser Beziehung zueinander haben wollen, den müssen wir abstecken. Ich möchte eben eine intensivere Beziehung, und ich glaube, daß der Dirk im Moment eine so intensive Beziehung zu mir nicht haben möchte. Aber das ist tatsächlich in der Entwicklung. Das ist dadurch, daß wir im letzten Jahr nicht zusammengelebt haben, erst so richtig aufgebrochen.

Nachbarschaft

I.: Du sagtest eben »Kommune igitt«. Habt ihr Schwierigkeiten mit eurer Nachbarschaft?

Elke: Das war mehr von meinen Eltern. Meine Mutter bezeichnet sich als großbürgerlich, weil mein Vater mal Bergwerksdirektor war. Ich habe das nicht so erlebt. Meine Mutter lebte in der Vergangenheit. Früher da war das ganz anders, da hatten wir zwei Dienstmädchen, und ich erlebte das Elternhaus nach der Flucht dagegen konkret als sehr klein und eng.

Inge: Meine Eltern hatten einen Bauernhof. Ich bin auch schon auf dem Bauernhof groß geworden. Ich habe meine Eltern eigentlich als sehr tolerant uns gegenüber erlebt.

Hartmut: Also wir haben insofern Schwierigkeiten mit der Nachbarschaft, weil wir kein Verhältnis zu ihr haben.

Elke: Och, ich glaube, das darf man nicht so eng sehen. Die grüßen doch alle sehr freundlich. Und Groß-Unterhalten mache ich in einem normalen Mietshaus auch nicht.

I.: Wie ist denn euer genereller Eindruck von der Einstellung der Bevölkerung gegenüber Gruppen?

Elke: Ich weiß von Erika, daß sie Schwierigkeiten hat, irgendwelchen Leuten zu sagen, daß sie in einer Wohngemeinschaft wohnt. Ich habe mir noch nie was daraus gemacht, ich habe es direkt allen Leuten gesagt, die haben das auch ganz normal aufgenommen. Wir haben auch viele Außenkontakte zu Leuten, die nicht in Wohngemeinschaften wohnen, dadurch daß jeder von uns seine Außenbeziehungen hat. Die Außenbeziehungen werden zum Teil auch integriert.

Gruppenstabilität

I.: Wie lange existiert die Gruppe jetzt?

Hartmut: Seit 1970, in der Zeit wohnten bis heute 18 Personen hier. Also ich finde 1-2 Personen Fluktuation in einem Jahr ist zuviel. Jedesmal wenn einer gegangen ist, ist ein Stück von mir mit weggegangen, und das ist unwiderruflich weg.

Elke: Aber ich finde, zurückbleiben ist viel schwerer als wegzugehen.

Hartmut: Ja, ist es auch. Also, man kann so einen Verlust auf die Dauer nicht einholen.

I.: Hast du denn noch Beziehungen zu den Leuten?

Hartmut: Ja, aber keine so festen Beziehungen. Ich finde es wahnsinnig schwer, zu so vielen Leuten feste Beziehungen zu haben. Ich habe dabei festgestellt, daß oftmals Auseinandersetzungen nicht lange genug gedauert haben, oder daß man sich nicht intensiv genug miteinander auseinandergesetzt hat. Über lang oder kurz kommt es doch immer zu Schwierigkeiten zwischen den Leuten, und dabei bleibt das dann meistens, wenn die Leute weggehen. Das empfinde ich als sehr unbefriedigend.

Elke: Und jene, die zurückbleiben, behalten die Schwierigkeiten.

Hartmut: ... die, die weggehen aber auch. Also man kann alle drei Jahre mal neu anfangen, wenn das jedes Jahr ist, mit neuen Leuten neu anfangen, also das finde ich zuviel.

I.: Schränkt das dein Engagement für die Gruppe ein?

Hartmut: Das bringt mit sich, daß man über bestimmte Dinge dann nicht mehr spricht. Wenn ich bei Ulli nicht immer das Gefühl hätte, daß er dann gleich die Koffer packen würde, dann würde ich mich ganz anders mit ihm auseinandersetzen.

Elke: Also mich hemmt das in meiner Auseinandersetzung mit Ulli nicht, aber ich habe das auch noch nicht erlebt, was das heißt, Abschied zu nehmen in der Wohngemeinschaft.

Hartmut: Also irgendwo habe ich den Anspruch, Auseinandersetzungen hinzukriegen, auch wenn das dann ein halbes Jahr mal mit Unfrieden dauert. Hinterher, wenn ich diesen Punkt überwunden habe, habe ich dann auch das Gefühl, daß ich dann einen ganz anderen Stand bei den Leuten habe. Außerdem hast du dann das Vertrauen, daß du Konflikte bewältigen kannst. Wenn du wegfährst, bevor die Konflikte ausgetragen sind, dann hast du das Gefühl, du hast Angst davor, die Konflikte wirklich anzupacken. Ich kann nicht sagen, ob das nun auf meine Erfahrungen mit der Wohngemeinschaft zurückzuführen ist, ober ob da spezielle Verhaltensweisen von mir reinspielen.

I.: Wie kommt es eigentlich, daß du immer hier geblieben bist?

Hartmut: Ich habe die Situation nie so erlebt, daß ich dachte, ich müßte weg. Ich habe auch nie so große Illusionen gehabt, zu meinen, daß wenn ich in eine andere Wohngemeinschaft komme, daß ich dann weniger Schwierigkeiten habe. Ich bin der Meinung, ich muß dann dieselben Schwierigkeiten wie hier austragen. Was nicht heißt, daß ich nicht vielleicht grundsätzlich mit jemand anders eine bessere Perspektive sehe.

I.: Der Hartmut sagt ja, er verliert ein Stück von sich bei Auszügen, wie ist das bei dir?

Erika: Das kommt darauf an, wie stark mein Grad der inneren Beteiligung zu dem Betreffenden gewesen ist. In der ersten Gruppe war der nicht hoch, das habe ich nicht als Verlust empfunden, sondern als einen Abschluß, der auch gerade zur rechten Zeit kam, sonst wäre ich gegangen. Ansonsten möchte ich das unterstützen, was er sagt. Ich bin auch der Meinung, daß jede Wohngemeinschaft Konflikte bringt und daß ich überall ein Übungsfeld habe, und ich möchte lernen, Konflikte noch besser anzugehen, zu bearbeiten, zu verarbeiten und ich fühle mich immer sehr schnell ausgenutzt, wenn andere den Konfliktsituationen ausweichen und sagen, das bringt mir nicht mehr, woanders geht es mir viel besser. Man hat dann selbst das Gefühl, ich investiere und investiere und die anderen gehen, wenn sie keine Lust mehr haben.

I.: Würdest du denn sagen, daß du jetzt weiter bist als vor fünf Jahren?

Erika: Ja, ganz bestimmt. Ich mache das nicht so sehr abhängig von dieser Wohngemeinschaft, sondern das ist ein Teil der Lernbedingungen, die ich mir geschaffen habe, aber auch ein wichtiger Teil. Ich hatte immer die Bedenken, wenn man alleine wohnt, daß man dann sehr eigen werden kann, sehr eigenwillig, sehr ausgeprägt auf eigene Wünsche, und dazu hatte ich nicht unbedingt Lust. Ich denke mir, daß ich mich immer selbst erfahre, wenn ich mich in eine Gruppe einbringe und daß ich dadurch auch ständig erfahre, wer ich eigentlich bin, und das wäre alleine nicht zu schaffen. Und ich mache also hier Prozesse durch, die mir z. B. in der Berufsgruppe nicht möglich sind. Da merke ich aber auch, daß ich bei Arbeitssitzungen diejenige bin, die am offensten und am schnellsten die Probleme rausholt und dabei nicht den Ton habe, daß ich andere verbessere. Mir ist also schon verschiedentlich gesagt worden, daß meine Kritik solidarisch sei. Und dann denke ich, daß ich das nur innerhalb der Gruppe lernen konnte.

Erika: Ich habe ein Jahr hier mit der alten Gruppenzusammensetzung gelebt und merkte dann erst, als das vorbei war, also als einige ausgezogen sind, daß ich mich gar nicht so wohlgefühlt hatte.

Einem davon hatten wir nahegelegt, er möchte ausziehen, weil es so große Schwierigkeiten gab. Er sagte ja, er will sich was suchen und in dem Prozeß, wo er sich was gesucht hat, hat sich das hier wieder verbessert, er hat sich aber trotzdem entschlossen auszuziehen. Der andere meinte, er müßte mal wieder allein leben und dann später wieder in eine Wohngemeinschaft gehen, und die Frau wollte mit Frauen zusammenziehen. Bei allen dreien war es aber nicht so, daß wir böse auseinandergegangen sind, sondern wir haben darüber gesprochen, und jeder konnte seine Entscheidung treffen, so wie er das für richtig hielt.

Dann gab es eine neue Gruppierung. Die war sehr schwierig, weil drei übrig geblieben waren und drei nachgefunden werden sollten, und wir drei waren sehr verschieden. Das klappte dann auch nicht sehr lange, die eine Frau, die so sehr unterschiedlich war, ist dann auch bald darauf ausgezogen. Der Unterschied lag im wesentlichen in der Lebenseinstellung, das war ein ganz anderer Beruf, die Frau war Fotografin und hatte an sich nicht die Ansprüche, die wir an uns hatten. Wenn es z. B. um Konflikte ging, dann wollte sie lieber ihre Ruhe haben und sich nicht intensiv damit auseinandersetzen.

Kommunikationsstrukturen

I.: Ist das eigentlich problematisch, daß ihr älter seid als die Männer?

Eike: Ich glaube eigentlich nicht. Vielleicht ist es von daher problematisch, daß sich mit uns nicht einfach so eine Beziehung anfangen läßt, so einfach mal ein Techtelmechtel nebenbei ist nicht drin, dazu sind wir zu anspruchsvoll. Meine Beziehungen zu Ulli und Bernd waren auch nicht intime Beziehungen, sondern ein enger Kontakt, ein enger Austausch. Zu Ulli insofern, als ich ihn da ganz schön gefordert habe.

I.: Was meinst du mit ganz schön gefordert?

Elke: Du, ich wollte klare Auskünfte von ihm haben. Aber so wie viele Männer konnte er die nicht geben.

I.: Ist das wirklich ein männerspezifisches Problem?

Elke: Ich habe es bisher nur so erlebt.

Inge: Bißchen sehe ich es auch so. Männer beziehen einer Frau gegenüber viel weniger Stellung.

Elke: Stellung beziehen ist eine ganz schwierige Geschichte.

I.: Ist das auch ein Problem von euren Männern gewesen?

Elke + Inge: Ja.

Elke: In meiner Ehe z. B. waren Außenbeziehungen eine ziemlich lang geübte Praxis, nur die wurde von meinem Mann insofern einseitig gehandhabt, daß das was an Verabredung galt: die Ehe ist die Hauptbeziehung, ansonsten Nebenbeziehungen, die sich aber wieder positiv auf die Ehe auswirken sollten. Zudem war es so, daß diese Nebenbeziehungen das Übergewicht bekamen, und von daher Hauptbeziehung »Ehe« Anstrengung bedeutet hätte. Was Neues beginnen, war eben einfacher, als da fortsetzen.

Inge: Ich wollte immer möglichst als Partnerin ernst genommen werden. Ich hatte das Gefühl, daß ich tatsächlich nur da sein sollte, ich sollte geben und bekam allerdings zu wenig zurück. Ich habe dann versucht, das, was ich haben wollte, mir durch Außenbeziehungen zu holen, und das hat dann Schwierigkeiten gegeben, auch für mich, weil ich dann ein schlechtes Gewissen ihm gegenüber hatte, weil es ihm sehr zu schaffen gemacht hat. Ich habe eine Zeitlang geglaubt, ich könnte zwei Beziehungen nebeneinander haben, habe das ein halbes Jahr ganz gut gepackt und bin dann aber auch ziemlich kaputt daran gegangen. Ich glaube auch heute, daß ich in zwei Beziehungen letztlich zu kurz komme. Für mich ist es zwar wichtig, mit einer Reihe von Personen zusammenzuleben und auch gute Kontakte zu ihnen zu haben, aber sie ersetzen mir eben keine Zweierbeziehung. Im Moment möchte ich ganz gern mit meinem Mann und mit anderen Leuten zusammenleben, weil ich das auch mit Arbeit verbinden möchte. Ich möchte mit Kindern arbeiten und mit ihnen und Erwachsenen leben.

Ulli: Wir sind ja irgendwie ganz klar geteilt in den eigenen individuellen Bereich, der Arbeit ist oder sonstige Verpflichtungen, und in den Freiraum, den wir haben, den wir dazu nutzen, etwas zusammen zu machen. Insofern fühle ich mich hier sehr wohl, ich fühle mich halt von allen Leuten akzeptiert, ich habe auch das Gefühl von Sympathie und so, daß das als Grundlage immer noch da ist. Ich habe auch was die Gruppendynamik angeht, eigentlich eine positive Erfahrung gemacht. Ich habe früher oft die Erfahrung gemacht, daß so etwas liegengelassen wird und daß man dann eher an anderen Stellen versucht, gemeinsam anzusetzen, und das ist auch ein Problem, wo ich mit mir nicht ganz zufrieden bin. Ich sehe, daß ich da meinen eigenen Ansprüchen nicht ganz gerecht werde, daß die anderen Leute hier nicht ein ähnliches Gefühl haben, was das Getragenwerden angeht, weil sie Ansprüche an mich haben, was Konflikte angeht oder was Arbeit angeht, wo ich irgendwo keinen klaren Weg hier finde.

Ich kann mich irgendwie nicht ganz voll damit identifizieren, was hier läuft, ich komme da so in Widersprüche mit meinen Hoffnungen und meinen Erwartungen hinein, wie ich leben möchte. Ich fühle mich hier eingeengt, beschränkt. Das wußte ich aber von Anfang an. Deshalb muß das eigentlich kein Grund sein, daß mich dies irgendwie hindert, aber irgendwie fällt mir es dann schwer, längerfristig zu denken. Ich würde nicht sagen, daß man eine gemeinsame Arbeitsperspektive haben muß, aber meine Perspektive hängt schon irgendwie mit Arbeit zusammen, weil ich Arbeit als konstruktiv empfinde und teilweise als destruktiv, da möchte ich irgendwie darauf eingehen. Deshalb habe ich jetzt bei dieser Arbeitsstelle einen 20-Stunden-Vertrag abgeschlossen, um Zeit für andere Dinge zu haben, weil ich bestimmte andere Interessen habe, von denen ich erwarte, daß sie mein Leben verändern, wenn ich sie hier miteinbringen kann.

Und wir haben hier eben nur einen ganz klar abgegrenzten Bereich, in dem wir uns einbringen wollen und mit dem es scheinbar auch geht. Dieser Bereich bezieht sich einfach auf das Zusammensein und das Zusammenverhalten in der Wohnung, also auf das Diskutieren der eigenen Beziehungen und auf die Zeit, die jeder einzelne zur Verfügung hat, in der er mit den anderen was machen will.

Ich könnte dir auch jetzt nicht sagen, was ich für Bereiche haben möchte, ich habe da eben kein klar strukturiertes Leben. Ich könnte jetzt meine Arbeitsstelle aufgeben und könnte mir im Moment überlegen, daß ich vielleicht nicht arbeite und was ganz anderes mache, da hätte ich aber auch das Bedürfnis, Unterstützung zu haben, d. h. also Leute, die ähnlich in diesem Konflikt drinstehen. Ihr hier seid eben alle mehr so, daß ihr klar strukturierte Leben habt. Das bringt mich ein bißchen in Widerspruch und macht mir auch Probleme, weil ich meine, ich verhalte mich nicht euren Erwartungen entsprechend.

Bernd: Die eingetroffenen Erwartungen sind unheimlich schwer abzustecken. Ein hohes Maß an Vertraulichkeit und was sich halt daraus ergibt, eine sehr offene und ehrliche Verhaltensweise zueinander, was mich einen Geborgenheitsgrad näher an mich heranbringt, mir also insofern auch hilft, mit mir selbst weiterzukommen, einen größeren Horizont zu bekommen, um mit anderen was anzufangen. Es gibt Zeiten, da fühle ich mich hier unheimlich wohl und es gibt Zeiten, da empfinde ich das Leben mehr als so nebeneinanderherleben ohne Bezug und ohne irgendwelche Verbindlichkeit. Wir haben natürlich Verbindlichkeiten hergestellt, das ist auch gut so, wir machen z. B. einmal in der Woche einen Gruppenabend. Das kann sich als Klammer erweisen, teilweise erweisen sich diese Gruppenabende im nachhinein aber auch als ziemlich destruktiv. Das kommt halt darauf an, was du damit anfangen kannst. Die Gruppenabende werden meistens mit Essen verbunden, hier am Küchentisch gemacht.

Die Phasen hängen bei mir damit zusammen, daß ich mich sehr leicht und sehr schnell abgelehnt fühle und das sicherlich hier auch projiziere. Zum anderen denke ich mir auch, daß hier untereinander Konflikte ablaufen, die mich halt distanzieren. Das sind dann Konflikte mit einzelnen in der Gruppe, das wirkt sich aber dann auf die ganze Gruppe aus. Auf jeden Fall ist es für mich sehr schwer bestimmbar, wie so ein Konflikt ablaufen sollte. Außer daß ich denke, wir müßten nachher wieder unheimlich gut miteinander können. Und ansonsten ist da bei mir auch nicht so eine tiefe Konflikterfahrung vorhanden, daß ich wüßte, wie so etwas ablaufen sollte. Das sind für mich vor allem Konflikte, die mit Nähe und Distanz zu anderen Personen zusammenhängen.

I.: Wie stehen eigentlich die Männer zu euren Ablösungsproblematiken?

Inge: Hartmut und Bernd haben Außenbeziehungen, und das Verhältnis zwischen Ulli und Erika ist problematisch. Im Prinzip haben hier alle sechs Leute ähnliche Probleme mit Partnerbeziehungen. Das schafft schon eine Verständigungsebene. Dadurch kommt meiner Ansicht nach aber auch die Angst auf, hier innerhalb der Wohnung eine Beziehung einzugehen, um die Gruppe nicht zu gefährden. Für mich ist es ganz angenehm, daß hier nicht so ein unheimlicher Wirbel ist, sondern daß ich zur Ruhe kommen kann und daß auch respektiert wird, daß ich sehr viel Ruhe brauche. Obwohl es natürlich das grundsätzliche Bedürfnis gibt, etwas miteinander zu machen.

I.: Das heißt also, daß aller Voraussicht nach diese Gruppe für dich auch ein Übergang ist.

Inge: Ja, für die nächsten Jahre. Mit Kindern und Erwachsenen zu leben, stelle ich mir dann schon etwas weiter draußen vor.

I.: Reicht die Beziehungsproblematik als verbindendes Element aus?

Inge: Nee, nur in Beziehungsproblemen zu wühlen, das steht mir bis hier. Aber ich bin im Moment zu etwas anderem auch nicht in der Lage.

Hartmut: Ich fände eine Zweierbeziehung in der Wohngemeinschaft wichtig, dabei kann man auch nur lernen, denn es ist auch problematisch, keine Zweierbeziehung in einer Wohngemeinschaft zu haben.

Elke: Also ich hätte vor den Eifersüchteleien Angst.

Hartmut: Das stimmt, so gebunden sind die Leute hier nicht wie in einer

Zweierbeziehung und die Eifersüchteleien, die es hier gibt, finden auf einer anderen Ebene statt. Aber ich finde, ohne Zweierbeziehungen ist eine Wohngemeinschaft auch in einer Übergangssituation gut, wobei ich den Rückfall in die Kleinfamilie ausschließen würde.

Elke: Ich finde, wir haben hier doch sehr viel Eigenleben, die Punkte an denen wir uns berühren, sind eigentlich klein. Ich denke, wenn man eine Zweierbeziehung hat, dann werden die Berührungspunkte größer. Wir treffen uns im wesentlichen alle zusammen über die gemeinsamen Gruppenabende.

Hartmut: Meine Erfahrung ist aber auch, daß der Anspruch an das Zusammenmachen gar nicht so groß ist. Ich kann mir auch eher vorstellen, daß mehrere Mitglieder zusammen an einem Projekt außerhalb der Wohngemeinschaft arbeiten. Ich glaube nicht, daß sich so eine Art Inzucht auch auf der Arbeitsstelle so positiv auswirkt.

Elke: Dadurch, daß auch jeder seinen ganz großen Bekanntenkreis außerhalb der Wohngemeinschaft hat, ist die Zeit, innerhalb der Gemeinschaft was zu machen, sehr gering. Ich finde das sehr positiv, wenn man sehr viele Außenkontakte hat.

Hartmut: Das darf nur nicht zu weit gehen. Wenn das zu sehr nach außen gerichtet ist, dann bricht die Wohngemeinschaft auseinander.

I.: Habt ihr mit unterschiedlichen Arbeitsrhythmen Schwierigkeiten?

Hartmut: Ja. Ich hätte so manches Mal gern was mit Ulli zusammengemacht, aber wir haben so verschiedene Rhythmen.

Elke: Naja, ich lege nun auf meinen Rhythmus ohnehin nicht soviel Wert. Wenn ich daran denke, dann habe ich auch manche halbe Nacht hier durchgesessen und mußte auch morgens wieder hoch. Bei Erika ist das z.B. anders, die legt ganz klar Wert darauf, weil sie morgens fit sein muß.

Hartmut: Aber wie gesagt, ich glaube, daß viele Leute vor lauter hohem Anspruch gar nicht dazukommen, die kleinen Schritte zu machen. Wenn ganz kleine Sachen passieren, ist es viel besser, als wenn darüber geredet wird, was für große Sachen passieren müßten.

I.: Gehen eure Gruppengespräche eigentlich auf den Kern der Probleme?

Hartmut + Elke: Oh ja, da wird schon direkt geredet.

Hartmut: Ich habe diese Art von Zweierbeziehungen, die Elke gehabt hat, bisher noch nicht mitgemacht. Ich habe mit Petra noch nicht zusammengewohnt, wir wohnen in zwei verschiedenen Wohngemeinschaften. Und von daher ist es bei mir auch ein bißchen mehr in Frage gestellt.

I.: Sind bei euch Rollenklischees vorhanden, also Trennung von Männer- und Frauenarbeit?

Hartmut: Nee, ich glaube das am wenigsten. Da wird auch ziemlich drauf geachtet.

Elke: Da habe ich hier dergleichen noch nicht erlebt.

Hartmut: Es sind also nicht so platte Sachen, daß die Männer nur die Reparaturen machen und die Frauen nur kochen. Es gibt es natürlich, daß sich an Reparaturen die Frauen nicht so schnell heranwagen. Aber in dem Moment, in dem man das erkennt, kann man etwas daran tun.

I.: Solidarisiert ihr euch als Frauengruppe?

Elke: Von mir aus ist das eigentlich zufällig, daß ich mich mit den beiden Frauen sehr gut verstehe. Mit Erika habe ich mich von Anfang an gut verstanden. Daß im Moment mein Kontakt gerade hauptsächlich mit Inge und Erika läuft, das ist Zufall.

Hartmut: Daß das Zufall ist, daran glaube ich nicht so sehr. Daß es dazu gekommen ist, war sicher kein Zufall.

Elke: Ich habe nicht das Gefühl, daß ich mich stärker auf Frauen fixiere.

Hartmut: Was so Sachen durchsprechen angeht, glaube ich doch.

Elke: Also ich kann mich sehr gut an den Winter erinnern, wo ich also nächtelang mit Ulli durchdiskutiert habe. Und wo ich das Gefühl hatte, daß ich sehr viel intensiver auf ihn zugegangen war, als auf manch anderen sonst hier.

I.: Und wie ist das bei den Männern?

Hartmut: Die Männer bilden keine Koalitionen gegenüber den Frauen.

I.: Gibt es Meinungsführer in eurer Gruppe?

Elke: Ich will keinen scharf angucken.

Hartmut: Was soll das heißen?

Elke: Ich denke schon, daß wir so etwas haben? Wenn hier jemand immer die gleichen Empfindlichkeiten zeigt, dann hat er damit auch eine Möglichkeit, die Gruppe zu beeinflussen. Und so etwas gibt es hier.

Inge: Oder über Ansprüche oder Erwartungen.

Elke: Ich meine, so wie im normalen Bereich die Gruppe einen Fortschritt macht, den das schwächste Glied macht, so reagiert die Gruppe auf den, der am empfindlichsten ist. Das ist eine indirekte Form der Beeinflussung, die im Moment wieder etwas ausgeglichener ist, weil jeder sich etwas frei macht davon. Ich glaube aber, daß eine Zeitlang unsere Schwierigkeit wirklich die war, voll auf diesen Trend Rücksicht zu nehmen, und daß wir dem voll aufgesessen sind, und uns so richtig ganz eng eingebunden gefühlt haben, ganz eng, ganz begrenzt.

Erika: Nach Ehemann und Kindern hatte ich nie so den Wunsch, weil ich mich in meiner eigenen Entwicklung nicht für ausgereift genug hielt, um in eine solche Situation gut reinzugehen und durchzugehen. Ich bedaure alle Leute, die sich auf eine Zweierschaft eingelassen haben und auf Kinder, und sich dann selber vernachlässigt haben. Und ich hatte einen Horror davor, ohne meine eigenen Entwicklungen gemacht zu haben, in eine solche Situation reinzuschlittern.

Ich stelle mir nicht vor, daß die Wohngemeinschaft nun die einzige oder beste Form des Zusammenlebens ist, mir geht es lediglich darum, daß ich erlebe, wie praktisches Leben mit anderen Menschen zusammen aussieht. Wo sind Berührungspunkte, wie stark sind die, wie gehe ich damit um? Ich kann mir durchaus vorstellen, daß sich drei Ehepaare zusammentun und ein Haus kaufen und sagen, laßt uns das mal so aufteilen. Ich könnt es mir nicht mehr vorstellen, wie bei meinen Eltern, die ihr Leben so führen, daß hier das Ehepaar war und drumherum galten Rollen, man hat sich so gezeigt und so gezeigt und so gezeigt und nur innerhalb der Beziehung versuchte man offen zu sein. Das war oft eine solche Belastung für den anderen, daß er das gar nicht aushalten konnte. So kann ich mir das nicht mehr vorstellen.

I.: Ist jemand, der im Kollektiv gelebt hat, korrumpiert für eine bestimmte Form der Zweierbeziehung?

Erika: Das kommt auf die Verarbeitung an und auf die Bereitschaft, die jeder an den Tag legt, überhaupt etwas zu lernen. Es gibt bestimmt Leute, die gehen in Wohngemeinschaften und nachher wieder heraus und sagen, das war Scheiße, und sie können gar nicht genau sagen warum. Und mir kommt es schon darauf an, auch die Gründe dafür zu suchen. Es mag auch für manche wirklich nicht gut sein. Ich habe mir auch schon überlegt, weil es hier so viele Reibungsflächen gibt, mal auf Abstand zu gehen und allein zu leben, um mich nicht kaputt machen zu lassen. Ich brauche nicht die Wohngemeinschaft, um Kontakte zu haben.

Elke: Ich würde das verstehen, wenn du sagen würdest »Ich habe keine Lust, mich kaputt zu machen«.

Erika: Ich sehe meine Situation so, daß ich sehr sensibel bin für das, was um mich herum passiert und ich nicht so ohne weiteres Konflikte oder Probleme abwehren kann, auch da, wo es wirklich mal notwendig wäre. Dann wird es mir allmählich zuviel.

Bernd: Also ich finde nicht, daß wir dich zu stark belasten. Ich habe das Gefühl bei Erika, daß sie sehr viel stärker an sich arbeitet, was Leistung anbelangt, und daß die Schwierigkeiten mit ihrer beruflichen Arbeit zu tun haben.

Erika: Ja und Nein. Es ist mir schon immer aufgefallen, daß du sagst, ich würde sehr viel tun. Du hast mal gesagt, wenn ich jemand nennen sollte, der viel arbeitet, dann wäre das Erika. Ich sehe nur den Unterschied darin, daß ich intensiv bei meiner Arbeit dabei bin und auch hier bei Konflikten. Ich sehe aber auch einen Unterschied in deiner Auffassung von Arbeit und meiner.

I.: Wo liegen eure Schamschranken?

Bernd: Ich habe Schwellenängste bei Leuten, mit denen ich im Moment Schwierigkeiten habe.

Elke: Bei mir hat es wahnsinnig lange gedauert, bis ich einfach so in einzelne Zimmer gegangen bin, ohne anzuklopfen. Mittlerweile stört mich nur, wenn ich in der Wanne liege und sich jemand neben mir am Kopfende aufs Klo setzt.

Bernd: Bei mir ist es so, ich bin nackt durch die Wohnung gegangen, als die Erika Besuch hatte, und da rief mir die Elke zu: »Hör mal, die Erika hat Besuch von einer Kollegin!«

Alltagsorganisation

I.: Wie verfahrt ihr in eurer Alltagsorganisation?

Elke: Wenn alles kracht, die Alltagsorganisation klappt.

Hartmut: Es gibt natürlich auch Pannen, die gibt es aber überall. Wir haben einen rotierenden Einkaufsplan, die Bereiche in der Küche sind einigermaßen fest und können gewechselt werden, wenn die Leute keine Lust mehr haben.

Elke: Ich finde überhaupt ganz gut, daß wenig verhandelt wird, wer nun kocht. Es läuft eigentlich so: Ich habe heute keine Lust zu kochen, ich auch nicht, also gut mache ich es. Bei der Miete zahlen alle das Gleiche.

Hartmut: Einige Zimmer sind zwar größer, aber dafür haben die dann andere Nachteile wie Lärm.

Elke: Frühstück und Abendessen machen wir gemeinsam und zahlen wir auch aus einem gemeinsamen Topf.

Erika: Wir zahlen für 200 qm 1235,– DM Miete, d. h. das sind für jeden 250,– DM mit Strom und Telefon. Wir haben 6 Räume, 1 Gemeinschaftsraum, 1 Bad/Toilette, 1 Klo.

Elke: Wir leihen uns gegenseitig Bücher und Schallplatten aus, ich möchte immer nur gern informiert werden, wer was von mir hat.

Erika: Wir haben zwar vier Autos, die alten werden aber eher verliehen als die neuen. Die Wäsche macht jeder für sich, wenn seine Maschine nicht voll ist, sammelt er bei den anderen ein.

Beispiel 2:

In diesem Beispiel stellt sich eine Gruppe dar, die aus fünf Erwachsenen und zwei Kindern besteht. Die Erwachsenen sind 30, 3 x 33 und 34, die beiden Mädchen 6 und 8 Jahre alt. Jürgen ist mit Helga verheiratet, hat aber auch eine Intimbeziehung zu Katrin. Ewald ist mit Katrin verheiratet und hat eine Intimbeziehung zu Ingrid.

Die Elternhäuser der Mitglieder sind sehr heterogen und reichen vom Arbeiter- bis zum Oberschichtshaushalt.

Die Mitglieder selbst sind Dipl.-Ingenieur, Architekt, Beamtin, zwei von ihnen sind Lehrerinnen. Die Gruppe bewohnt ein altes Fachwerkhaus in dem Randgebiet einer Stadt.

Jürgen: Bei mir war es so, daß die Kontakte, die ich hatte, so beschaffen waren, daß eine ähnlich gelagerte Unzufriedenheit da war, die ich auch habe. Wir mußten zu irgendeinem Termin im letzten Jahr das Haus räumen, in dem wir gewohnt hatten. Die Schwierigkeiten mit Helga und mir meinten wir, durch das Zusammenwohnen mit anderen lösen zu können. Ich habe gedacht, daß ich in dem Moment, wo ich mit mehreren zusammenwohne, ernsthaft die Probleme bearbeiten kann, die wir haben, sich von daher Korrekturmöglichkeiten eröffnen, über deren Art ich mir im einzelnen aber nicht klar war. Zumindest habe ich gehofft, daß sich die Situation der Isolation, die ich auch lange Zeit gespürt habe, wenn ich mit Helga zusammen war, aufheben würde.

Ich habe nicht gern so oberflächliche Kontakte, im wesentlichen ist es mir lieber, wenn ich mehr weiß von anderen Leuten. Das Zusammenleben mit Helga stellte sich so kritisch dar, weil ich auch verschiedene andere Beziehungen hatte. Ich sagte ihr auch, daß ich kein Liebesverhältnis mehr zu ihr hätte und das war eine Zeitlang für mich auch sehr schlimm, als ich das merkte. Trotzdem habe ich nicht das Gefühl, daß ich deshalb nun abhauen müßte. Zumal ich doch auch eine starke Beziehung zu ihr habe.

In dieser Situation ergab sich das, daß wir den Wohnungswechsel hatten. Die Kontakte zu Ingrid und Ewald und Katrin waren da. Ingrid hatten wir über den Kinderladen kennengelernt. Dort gab es eben ganz andere Gespräche unter den Erwachsenen, als ich es bis dahin kennengelernt hatte. Die Kinderladengeschichte war 1973. Ingrid hatte vor 2½ Jahren Ewald und Katrin kennengelernt und kannte sie fast schon ein Jahr bis wir sie kennenlernten, wir waren damals zusammen in Urlaub. Als wir aus dem Haus mußten, ließ sich Ingrid auch gerade scheiden. Ja, wir dachten dann, ob wir nicht was zusammen machen wollten.

Katrin: Meine Motivation war, daß ich mich von meinem Mann getrennt habe. Ich dachte, es sei vernünftiger, nicht allein zu sein. Wir hatten das schon vorher vor, mit Helga und Jürgen in ein Kollektiv zu ziehen. Durch die Scheidung fand ich das für mich sehr wichtig. Ewald und Katrin habe ich irgendwann in einer Kneipe mal kennengelernt, und dann hat sich das so weiterentwickelt. Wir fanden uns einfach sympathisch. Diese Art Wohngemeinschaft finde ich sehr gut und sehr wichtig. Ich wußte theoretisch schon vorher, wann und warum eine Wohngemeinschaft nicht läuft, und das habe ich hier eben in der Praxis erfahren. Für mich war das eben aus meiner subjektiven und persönlichen Situation heraus wichtig, in die Wohngemeinschaft zu gehen, weil ich immer sehr behütet gewesen bin, und das war eben etwas weicher, in die Wohngemeinschaft zu gehen als allein zu leben.

Jürgen: Die Einzugsphase dauerte etwa 2 Monate im Juli 1977. Da war ich 33, Helga 34, Katrin 30, Ingrid 33, Ewald 33, Anja 6 und Sandra 8.

Jeder hat erst mal versucht, seinen Bereich in Ordnung zu bringen. Wir hatten mehrere Male versucht zu besprechen, wie wir es hier aufteilen werden. Da sind wir zu einer mehr oder minder demokratischen Entscheidung gekommen, daß es günstig wäre, wenn die Kinder zusammenwohnen. Helga hatte dagegen immer sehr starke Bedenken, weil sie die unmittelbare Nähe zu Anja haben wollte. Wir meinten, es wäre eine Überfixierung von Helga auf Anja, auch bedingt durch die Situation zwischen Helga und mir. Wir haben die Bereiche so aufgeteilt, daß jeder ein Zimmer haben sollte. Wir wollten einen Raum zur gemeinsamen Nutzung haben. Ich war immer stark daran interessiert, einen größeren Gemeinschaftsraum zu haben. Ewald und auch Ingrid meinten, der Raum würde nicht benutzt werden, Katrin meinte es auch. Ewald und Katrin hatten schon mal im Studenten-Heim gewohnt und sie wußten aus Erfahrung, daß man sich gegenseitig besuchte, wenn Bedarf da war. Ich war da anderer Meinung; wenn ich mich zurückziehe, möchte ich mich richtig zurückziehen, zumal es sonst auch schwierig ist, abzulehnen, wenn jemand kommt.

Wir haben bei der ganzen Ausbaugeschichte nicht zueinander gefunden, weil man nicht angesprochen wurde zu helfen. Wir waren da alle ziemlich ungeübt, Ewald und ich haben darüber keine Gemeinsamkeiten gefunden, obwohl wir beide sehr gern fummeln und basteln. Unsere Gespräche sind auch nie so tiefgreifend, daß wir gegenseitig stark berührt wären. Obwohl wir uns miteinander weiß Gott beschäftigen, aber wenn, dann alleine. Die Beziehung zwischen Katrin und Ingrid hat sich auch geändert, nachdem Ingrid dem bestehenden Dreierverhältnis durch einen gefühlsmäßigen Ausbruch Katrin gegenüber die Harmonie genommen hat.

Alltagsorganisation

Jürgen: Das Haus ist von Helga und mir gemietet worden, das haben wir aus taktischen Überlegungen so gemacht. Wir haben die Räume so aufgeteilt, daß jeder so etwa das Gleiche hat, und wir haben die finanzielle Aufteilung personengebunden vorgenommen, die Kinder haben dabei einen halben Mietanteil. Wir zahlen 1700,– DM.

Am Anfang haben wir mehr zusammen gemacht, öfter uns besucht, aber durch die Verdichtung der Einzelbeziehungen kam es dann, daß man Leute mehr persönlich aufsuchte. Wir hielten uns nie bei Ingrid auf, entweder dann bei Ewald oder Katrin, ich bin öfter bei Katrin gewesen. Dann kam dann schon kein anderer mehr rein und mittlerweile ist es so, daß ich auch schon nicht mehr zu Ewald reingehe, weil Ingrid da ist, und Katrin geht nicht mehr zum Ewald rein, wenn Ingrid da drin ist und hier unten möchte sie auch nicht reinkommen, wenn Helga und ich hier sind. Katrin kommt ab und zu noch, aber sie hat einiges an Widerstand zu überwinden.

Diese privaten Bereiche hemmen nur. Ich meine, wenn wir einen gemeinsamen Wohnbereich hätten, dann wäre das anders.

Die Telefonkosten tragen wir über Einheiten ein, die Fehleinheiten werden gemeinsam umgelegt. Wir haben uns darauf geeinigt, daß wir die Grundnahrungsmittel aus einer gemeinsamen Kasse bezahlen.

Helga: Wir kaufen ein, schreiben die Kosten auf und legen sie Ende des Monats um, der Schnitt liegt im Moment bei 120,– DM im Monat pro Person. Sonntags treffen wir uns immer gegen 16 oder 17 Uhr und essen zusammen, Abendessen machen wir auch oft gemeinsam.

Kommunikationsstrukturen

I.: Ewald und Katrin haben, bevor sie mit euch zusammengezogen sind, eine Form der Dreierbeziehung versucht, sie hier im Hause auch eine Zeitlang praktiziert und sie dann wieder aufgelöst zu dem Versuch, die eigentliche Ehebeziehung wieder zu stabilisieren.

Helga: Die Auswirkungen unserer Schwierigkeiten führten dann zu einer Beziehung zwischen Jürgen und Katrin. Ich sagte dann mal: »Ich bin für die Gruppe das fünfte Rad, es müßte noch ein Mann hier sein.« Ich glaube, daß so eine Wohnsituation nicht zu schaffen ist, wenn die Partnerbeziehung nicht in Ordnung ist. Wenn man in eine Wohngemeinschaft reingeht mit verschieden großen partnerschaftlichen Problemen, dann kann die Gruppe nicht helfen.

Jürgen: Was heißt Partnerschaftsprobleme..., das sind Persönlichkeitsprobleme, die stellen sich so dar, daß auch Partnerschaften nicht lebbar sind. Sicher gibt es eine Wechselbeziehung, weil sich zwei zu Partnern erklärt haben, aber eigentlich hat jede Person für sich unheimlich viele Schwierigkeiten und die machen sich nicht nur in dem partnerschaftlichen Umgehen miteinander bemerkbar, sondern diese Schwierigkeiten sind durchgängig in den anderen Bereichen.

Helga: Ich kann nur sagen, daß wenn ich ein gutes partnerschaftliches Verhältnis habe, ich weniger Schwierigkeiten habe in meiner Arbeitswelt, auch in Außenkontakten. Unsere Probleme belasten mich zur Zeit total.

Jürgen: Du hast das gute partnerschaftliche Verhältnis vielleicht, nur du siehst es nicht als gutes an. (Helga lacht.)

I.: Gehen wir doch noch einmal auf den multifunktionalen Raum zurück.

Jürgen: Wir haben das, was wir in diesem multifunktionalen Raum machen wollten, mehr oder weniger dann rausgeschoben. Wir haben zwar gemeinsam ganz lustige Ideen entwickelt, wie wir das ausbauen. Nur haben wir es eine Zeitlang nicht getan und es stellte sich für Ingrid so dar, daß – sie hatte damals den kleinsten Bereich als Erwachsener hier – ihr das nicht genügte und sie sagte, sie will mehr Raum haben. Sie sagte, wir könnten noch immer für den Gemeinschaftsbedarf was machen, wir richten das so mobil ein, daß wir das verändern können, sobald wir das machen wollen.

Die Vorstellung war auch, daß vielleicht nur größere Essenssituationen gemeinschaftlich gemacht werden. Das wurde wieder mit dem Hinweis von Katrin und Ewald so gemacht, daß man sich ja sonst in den privaten Bereichen aufsuchen könnte.

I.: Hat euch die Berufstätigkeit eher getrennt oder eher zusammengebracht?

Helga: Hier werden die Rollenfunktionen genauso weitergelebt wie auch in einer Einzelfamilie. Daß die Kindersache also Frauensache ist, bedingt natürlich auch die Halbtagsberufstätigkeit der Frauen. Hier sind zwei Mädchen in unserer Wohngemeinschaft, die Sandra und die Anja, Sandra ist 9. Und da habe ich eigentlich mehr Belastungen durch die beiden Kinder als in der Einzelfamilie mit meinem eigenen Kind. Ewald und Katrin kommen erst spät abends zurück, fallen also auch aus. Haushalt, Einkaufen und Kinder war bislang Frauensache.

I.: Heißt das, daß ihr keine Arbeitspläne habt?

Helga: Doch, die Gemeinschaftsräume sind aufgeteilt.

Jürgen: Wobei die Reinigung dieser Flurbereiche und die der Küche aufgeteilt ist in wer wann wie oft was macht.

I.: Klappt das?

Jürgen: Nee, es wird allerdings doch immer wieder, wenn es kritisch ist, gemacht. Ich beklage diese Situation nicht so sehr.

Helga: Mir ist doch sehr stark bewußt, wenn meine persönlichen Probleme oder Gruppenprobleme oder Partnerprobleme einfacher werden, daß dann auch die Organisationsfragen unproblematisch werden. Es ist meistens ein Ausdruck, daß, wenn man sehr viel über diese Sachen spricht, dann andere Probleme dahinter stecken.

I.: Also sind die Organisationsfragen für euch Streitpunkte?

Jürgen: Nein, wir hatten mal versucht, das mit einer gewissen Härte zu machen, und 2- bis 3mal klappte das dann auch. Wir hatten das damals immer so gesehen, daß Ingrid wohl der schwierigste Faktor dabei ist, sich hier körperlich bei der Reinhaltung zu betätigen, weil man früher nie solche Arbeiten von ihr verlangte. Und von daher verspürte sie auch einen Widerwillen dagegen. Das hat sie zum Teil überwunden, vor allem in letzter Zeit bedingt wohl auch durch die schwierige Situation, weil sie merkt, daß dann durch das Sauberkeitsverhalten wenigstens keine Störungen auftreten.

Ingrid: Ich glaube schon, daß das Rollenverhalten hier nicht so starr ist. Ich glaube eher, daß es Fragen der unterschiedlichen Zeitkapazität sind. Manchmal ist es ja auch ganz angenehm, wenn man sich auf die traditionalen Rollen zurückzieht. Ich denke dabei an Helga. Also, ich mache nur das Nötigste und das, was für mich wichtig ist.

Mein Problem ist, daß ich immer recht intensiv und heftig bin und mich leicht übernehme. Was ich wieder gut finde, ist, daß ich mich sehr stark in das Denken und Fühlen anderer hineinfinden kann. Wenn es mir nicht gut geht, dann fühle ich mich auch leicht stark überlastet, und deshalb möchte ich jetzt meine Ruhe haben und in eine doofe Zweizimmer-Wohnung ziehen. Ich brauche einfach einen Raum, in den ich mich zurückziehen und regenerieren kann. Im Prinzip finde ich aber schon auch unsere Art Wohngemeinschaft sehr gut und ich glaube, wir hätten das überhaupt nicht so überstanden, wenn nicht doch eine ganz wichtige Sache da wäre: das gegenseitige Sympatischfinden und Sichmögen.

Kinder und Erwachsene
Helga: Es gibt natürlich auch bei und in der Gruppe gewisse Sauberkeitsschwellen, den einen störts, den anderen störts nicht. Also, oft wenn ich nach Hause kam, sah es aus wie in einem Schweinestall und die beiden Kinder sitzen da und schreien Hunger.

Jürgen: Das kommt aber auch dadurch, daß Sandra und Anja sich so komisch verhalten und sich dann hochschaukeln und einfach alles so zurücklassen. Das liegt also nicht an den Erwachsenen, die Kinder sauen rum. Anja hatte das früher nicht gemacht, im Kinderladen war das auch nicht üblich.

Helga: Also ich meine, daß das für die Kinder die einzige Möglichkeit ist, mit ihren Aggressionen gegen die Stimmung hier im Hause anzugehen.

Jürgen: Aber es ist doch falsch, das zum Vorwurf zu machen, es wird alles eingesaut. Wir nehmen das hin, daß es so ist. Den Unmut von Helga verstehen wir alle. Helga hat das auch schon geäußert und es trifft im wesentlichen auf Ingrid, weil die sich absolut zurückzieht. Die zieht sich raus, sobald irgendwer da ist und tut mit den Kindern überhaupt nichts. Sie kann ihre Tochter so abblocken, das hat sie früher wohl auch schon gemacht, das war früher für mich nur nicht so spürbar, wie das jetzt ist. Und Helga ist im Grunde diejenige, die darunter leidet.

Helga: Ich kann die Sandra auch nicht annehmen. Das ist auch ein Problem, was ich habe.

I.: Warum nicht?

Helga: Sandra ist neurotisch durch ihre Eltern, nicht durch die Gruppe. Und dadurch habe ich Schwierigkeiten, mit denen ich nicht fertig werde.

Ingrid: Ich sehe, daß die beiden Kinder sich durchaus als Geschwister auffassen und daß Helga z. B. Anja so ein bißchen als Liebesersatzobjekt nimmt. Ich selbst habe Beziehungsprobleme mit meiner Tochter, aber versuche, die aufzuarbeiten, die sind in meiner Ehe entstanden.

I.: Jürgen, wenn du weniger arbeitest, wärst du dann bereit, Teile der Hausarbeit zu übernehmen?

Jürgen: Meine Arbeit richtet sich danach, ob ich Aufträge habe oder nicht, wenn ich keine Aufträge habe, muß ich unheimliche Anstrengungen machen, welche zu bekommen.

Helga: Wenn du die Notwendigkeit einsehen würdest, könntest du morgens auch eine Stunde einkaufen gehen.

Jürgen: Ja, das stimmt, aber ich sehe sie nicht.

I.: Kümmert sich eigentlich Katrin um die Kinder?

Helga: Wenn ich sie frage, ja. Wenn die Kinder zu Katrin ins Zimmer gehen, das ist oft so, weil sie überall Süßigkeiten hat, dann kümmert sie sich nicht so um sie. Wenn sie angesprochen wird, dann gibt sie eine Antwort oder keine Antwort oder schmeißt sie raus, je nachdem was sie zu tun hat. Sie arbeitet sehr viel, beim Lesen stören dann die Kinder. Die merken automatisch, was für eine Atmosphäre da drin ist und bei Arbeitsatmosphäre hauen sie von selbst nach ein paar Minuten wieder ab.

Beziehungen

Jürgen: Was das solidarische Verhalten der Frauen angeht, wenn ein Mann dann mal von sich aus erklärt: »Ich wasche ab!«, dann halten die Frauen sehr solidarisch zusammen und keine sagt, ich bin heute aber dran. Das solidarische Verhalten ist auch sehr gestört durch die Beziehungen. Katrin hat das Gefühl, daß Ingrid ihr Ewald wegnimmt.

I.: Immer noch?

Ewald: Stärker denn je. Katrin wirft vor, daß Ingrid unsolidarisch ist und daß sie sich deswegen auch nicht mehr solidarisch verhalten will. Mit Helga ja, aber mit Ingrid nicht. Ob Ingrid sich überhaupt solidarisch verhalten kann, das wage ich zu bezweifeln, Ingrid sieht zu stark sich selber, in allem. Von daher ist das sehr schwierig zu beantworten, ob so etwas geht. Wenn wir diskutieren oder diskutiert haben darüber, dann immer mit einem wahnsinnig hohen Anspruch, mit einem Anspruch, der so theoretisch überzogen ist, daß gemessen daran, was tatsächlich davon lebbar ist, nichts mehr übrig bleibt.

Wenn man so diskutiert, erweckt das in mir immer ganz großartige Erwartungen und entsprechend ist natürlich auch die Enttäuschung, wenn man das Gefühl hat, daß noch weit weniger da ist, als was ich von früher her kenne, wie meine Eltern gelebt haben. Obwohl ich an sich ablehne, wie die gelebt haben, muß ich sagen, daß es hier in vielen Bereichen weniger ist. Aber der Anspruch, der auch vielleicht durch die Auseinandersetzung mit dem, was in diesem Bereich an Texten geboten wird... Ingrid hat sehr viel darüber gelesen und Katrin noch mehr, Sexismus, Feminismus, Penetration, Wilhelm Reich, wieviel davon jedoch tatsächlich verarbeitet ist, ist etwas anderes.

I.: Habt ihr beiden eigentlich noch sexuelle Beziehungen zueinander?

Beide: Ja, haben wir.

I.: Habt ihr eigentlich mal versucht, eure Querbeziehungen durchzudiskutieren?

Helga: Wie willst du das denn in einem 5er Kollektiv erreichen? Katrin in ihren Gefühlen zu Ewald, die abgewiesen sind, und sie dann in ihren Gefühlen zum Jürgen, wobei ich meine, wenn ihre Beziehung zum Ewald befriedigend wäre, wäre ihre Beziehung zu Jürgen wahrscheinlich anders. Wie willst du so was diskutieren, du kannst nicht zu Ewald sagen, jetzt liebe die Katrin wieder. Natürlich haben wir darüber gesprochen, ich hatte sehr starke Aggressionen...

Jürgen: Ja, aber in der Gruppe haben wir nicht so zusammen gesprochen über unsere Beziehungen. Wir haben das mal ansatzweise versucht, es stellt sich aber nicht die Offenheit her, die dazu notwendig ist.

Helga: Wir haben beide über unsere Beziehung sehr offen geredet.

Jürgen: Sehr bewegt geredet. Offen ist das auch nicht. Und es wird sehr schnell deutlich, daß wir miteinander kaum die Offenheit haben, die jeder vielleicht für sich braucht dabei. Und wir verstehen vieles von uns auch nicht, wenn wir miteinander reden, also Helga und ich. Auch wenn wir das dann in der Gruppe tun, kommt es immer wieder dazu, wenn Helga was sagt, daß ich eine andere Darstellung dann gebe und dann kommt es zu Verletzungen, dann sind Helga oder ich verletzt. Ich zeige das dann nicht so, Helga zeigt das dann spontaner und drückt das anders aus, all das führt aber nicht dazu, daß man dann ein richtiges Gespräch führt, weil in einem solchen Gespräch die Beziehung, wie Helga sie sieht, wie ich sie zu Katrin habe, peinlichst vermieden wird. Denn das ist ein Punkt, der unheimlich berühren würde, weil Helga sehr stark damit betroffen ist. Sie spricht ihn dann in der Form nicht an, wie sie es vielleicht empfindet.

Helga: Mir geht es oft auch sehr schlecht, ich habe Depressionen und ich habe Angst, daß diese Depressionsschübe dann schneller kommen. Ich bin nicht mehr bereit, das mitzumachen, weil ich auch weiß, wenn es mir schlecht geht, ist auch meine Beziehung zu Anja schlecht. Du, du sitzt dann in der Gruppe zusammen und machst »Psycho« und da ist keiner, der dir helfen kann. Was soll das?

Jürgen: Wir haben oft die Empfindung, daß wir alle so unter Psychostreß stehen und alle dann ziemlich ermattet und spannungsvoll zusammenhängen –, läuft dann so ein Essen ab, wirkt sich das natürlich auf Kinder ungeheuer stark aus, die werden auch sehr leicht zum Prügelknaben dabei. Die sind sehr laut auf einmal, gerade diese Störungen wirken auf uns überstark.

I.: Habt ihr Schamschranken voreinander?

Helga: Wenn ich im Badezimmer bin und dusche mich und dann kommt jemand rein, dann schäm' ich mich nicht.

Jürgen: Also Schamschwellen haben wir nicht.

I.: Wieviel Bäder habt ihr?

Helga: Eins für fünf Erwachsene, die Kinder haben eins. Also das ist nicht störend in der Organisation. Toilette haben wir in jeder Etage eine, also drei insgesamt.

I.: Habt ihr viele Außenkontakte?

Helga: Nein, und deshalb ist wahrscheinlich auch der Gemeinschaftsraum kaputtgegangen. Wenn wir z. B. eine Aktivität gehabt hätten, die uns verbunden hätte, dann wäre es wahrscheinlich auch so gekommen, daß der Gemeinschaftsbereich für diesen Zweck eingerichtet worden wäre. Wir wußten am Anfang auch gar nicht, was wir mit ihm machen wollten. Ewald und Jürgen hatten sich mal überlegt, da oben eine Dunkelkammer einzurichten, aber das ist auch wieder eingeschlafen. Beruflich hat eben jeder eine andere Richtung, außer Ingrid und Katrin, die im pädagogischen Bereich arbeiten. Gemeinsame Interessen sind eigentlich auch nicht da.

Jürgen: Außer in der Musik. Gemeinsam Musik hören, das passierte schon. Die stabilsten Außenkontakte, die wir haben, kommen noch aus der Kinderladenzeit.

I.: Würdet Ihr eigentlich sagen, daß Ihr in Eurer Arbeitsfähigkeit belastet seid?

Jürgen: Ja, ich glaube, ich kann das auch für Katrin sagen. Ewald hat, glaube ich, die Fähigkeit, sehr stark zu trennen, der kann noch besser in Arbeit flüchten, wenn er Probleme hat, der kann abschalten und sich voll auf die Arbeit konzentrieren. Ich kann das nicht, weil meine Art der Tätigkeit von mir immer sehr viel Gefühl verlangt. Sobald ich Probleme habe, tue ich mich ungeheuer schwer.

I.: Würdet Ihr sagen, daß Ihr eine sehr heterogene Gruppe seid?

Jürgen: Ich kann gar nicht sagen, ob wir eine Gruppe sind oder nicht, wir wohnen zusammen. Wenn es so komplex ist wie bei uns, da ist zu viel Divergierendes dabei, daß ich nicht weiß, ob wir eine Gruppe sind oder nicht.

Helga: Für mich empfinde ich doch, daß wir eine Gruppe sind. Das hängt bei mir mit Gefühlen zusammen, die ich habe, wenn es irgend jemand nicht gut geht, daß es mir dann auch nicht gut geht, daß ich oft Leute verstehe, die hier sind. Man hat mir schon mal gesagt, daß ich vieles verstehe, nur nicht damit umgehen kann und leben kann. Die ganze Atmosphäre, die so hin- und herläuft, signalisiert für mich eigentlich schon, daß wir eine Gruppe sind.

I.: Ihr seid ja jetzt etwa ein Jahr zusammen. Könnt Ihr die Entwicklung der Gruppe in Phasen beschreiben?

Helga: Für mich kann ich das so darstellen, daß ich Erfahrungen gemacht habe durch dieses Zusammenleben. Ich weiß jetzt besser, wie ich nicht leben möchte oder ich stelle mir jetzt auch vor, wie ich gerne leben möchte. Ich bin hier mit sehr starken partnerschaftlichen Schwierigkeiten hineingegangen. Wir dachten – und Jürgen dachte vor allem –, es wäre eine Möglichkeit, diese Probleme zu lösen durch mehr Kontakte und seine Belastung, die er durch meine Schwierigkeiten empfand, durch die vielen Personen abbauen zu können, weil ich Kontakt mit anderen bekäme. Ich habe jetzt Erfahrungen für mich gemacht und kann mich jetzt auch besser entscheiden. Als Endresultat kann ich sagen, daß ich hier nicht mehr leben möchte.

I.: Möchtest Du gar nicht mehr in einer Wohngemeinschaft leben?

Helga: In dieser Gruppe nicht. Wir haben diesen Versuch gemacht, aber unter zu vielen Schwierigkeiten.

Jürgen: Ich sehe diese Gruppe, wie wir das zusammen bis jetzt gelebt haben, auch positiv. Ich habe das Gefühl, wir werden auseinander gehen, aber positiv sehe ich, daß wir viele Dinge, die eigenen Schwierigkeiten, das Bewußtwerden von Schwierigkeiten bei anderen, schon deutlich gemacht haben. Ich kann das nur rückwirkend betrachten, wie ich früher gelebt habe, und da habe ich die gleichen Schwierigkeiten auch gehabt, nur immer wieder schöne Möglichkeiten gefunden, die zu verdecken. Das war hier nicht mehr möglich, weil ich hier darauf aufmerksam gemacht worden bin, wo was bei mir nicht in Ordnung ist. Das hat sicherlich noch nicht den Grad erreicht, daß ich sagen kann, ich bin damit zufrieden.

Ich verstehe eines nicht ganz, daß wir in dem Moment, wo wir alle sehr stark betroffen sind, diese Fluchttendenz haben. Ich tue auch wenig, um das zu verhindern. Die Einzelinteressen gehen leider sehr weit auseinander, jeder ist mit sich selbst sehr stark beschäftigt, daß er Hilfen nur noch außen sieht, gar nicht mehr aus der Gruppe heraus. So zitieren Katrin und Ingrid eben mittlerweile ihre Therapeuten.

I.: Was hat sich denn in der Praxis für Dich bestätigt?

Ingrid: Gruppen gehen nur, wenn es homogene Gruppen sind, wenn die Leute nicht aus starken persönlichen Schwierigkeiten heraus zusammenkommen. Wenn halbwegs gleiche Bedingungen da sind, dann geht es schon recht gut. Wenn Leute meinen, über Gruppen ihre persönlichen Schwierigkeiten lösen zu können, dann ist das für die Wohngemeinschaft eine zu starke Belastung. Es dürften nicht zu viele Verknotungen da sein, das ist eher schädlich für eine Wohngemeinschaft. Und bei uns wurde es eben durch ganz verschiedene Ansprüche noch zusätzlich erschwert. Ich selbst bin als studiertes Arbeiterkind irgendwo dazwischen. Ich kann von meiner Herkunft her Dinge viel schneller erfühlen und sie dann einreihen, die andere – also Intellektuelle – nicht mehr können, andererseits aber habe ich auch den intellektuellen Anspruch, und wenn der nicht da ist, fehlt mir etwas. Und in unserer Wohngemeinschaft sind eben etwas stärkere Pole, Helga und Jürgen, die aus einer ganz anderen Ecke kommen, ganz normale Leute, die nicht studiert haben, und dann eben Ewald und Katrin, die ein Studium hinter sich haben, und ich.

Beispiel 3:

Das dritte Beispiel liefert Informationen über eine Wohngemeinschaft, die in ihrem Kern schon seit vier Jahren zusammen ist. Sie besteht aus drei Männern und zwei Frauen im Alter von 33, 34, 34, 38 und 39 Jahren. Ein zweijähriges Kind vervollständigt den Kreis. Hanneken und Herbert sind verheiratet, die anderen Mitglieder haben Außenbeziehungen. Sie arbeiten als Elektriker, Rechtsanwalt, Sozialpädagoge, Uni-Assistent und Jura-Student, und bewohnen eine 250 qm große komfortable Altbauwohnung.

Entstehung und Motivation
Abu: Ich habe ja eigentlich seit zehn Jahren in wohngemeinschaftsähnlichen Formen gelebt. Zum ersten hat sich das dadurch ergeben, daß ich mit einer Frau zusammen war, die ein Kind hatte, und daß wir beide dann zusammensein wollten, allerdings nicht nur wir beide, sondern auch mit der Freundin und dem Mann von dieser Frau. Das ging über zwei Jahre, das war in der Zeit von 1969 an. Das ging dann auseinander, weil die beiden anderen auszogen, und die Frau... dann einen Selbstmord machte. Es gab ganz klar Probleme bei dieser Wohngemeinschaft, also sexuelle Querbeziehungen, die von uns allen nicht richtig gepackt wurden. Aber abgesehen davon, war sie auch schon nicht mehr psychisch stabil, als ich sie kennenlernte.

Dann hatte ich einen ziemlich großen Freundeskreis, und mir war klar, daß ich eh nicht allein wohnen wollte. Ich habe mich mit zwei anderen zusammengetan, das war allerdings ein Paar. Zu dritt ergeben sich aber leicht Frustrationen in der Beziehung Paar und Einzelperson. Ich denke schon, daß es mindestens vier sein sollten. Bei dreien bildet sich nämlich meistens eine 2 zu 1 Konstellation heraus... Eine Dreier-Wohngemeinschaft ist deshalb für mich keine, sondern eher eine Zweckgemeinschaft.

Dann bin ich mit meiner Freundin zusammengezogen, das war nun auch nicht das Wahre. Dann habe ich mich wirklich umgeguckt unter meinen Bekannten, ob was frei war, dann waren tatsächlich mehrere Plätze in Wohngemeinschaften frei und auch hier in dieser Wohngemeinschaft. Die Ausgangskonstellation war die: Da war Elisabeth, die damals noch mit dem Heinz befreundet war – die Geschichte lief auch schief. Es war klar, daß der Heinz ausziehen würde. Und dann war hier noch die Hilde.

Dann war hier noch jemand, der ziemliche Probleme mit dem Alkoholismus hatte, und der zog dann aber auch aus. Die Ausgangskonstellation Mitte 74 sah also so aus, daß die beiden Frauen da waren und ich. Zu dritt haben wir dann vier Monate gewohnt.

Ja, wieso habe ich mich für diese Wohngemeinschaft entschieden? Ich fand ganz interessant, daß die Elisabeth Anwältin war, und daß die Hilde auch Praxis hatte, und vor allem auch, daß ich keine von beiden kannte, und daß es so wirklich etwas völlig Neues war, während ich bei den anderen Wohngemeinschaften immer einen kannte. Ich habe auch, als ich hier reinging, wirklich klar gesagt, wie meine Vorstellungen aussehen, nämlich so, was Gemeinsamkeit angeht, die kann man eh nicht verordnen, daß man also wirklich mit einem Minimalprogramm reingeht. Mit einem Minimalprogramm soll heißen, wir haben hier eine wirklich schöne große Wohnung, und die soll gefälligst auch von mehreren bewohnt werden . . .

Dann ist auch klar, daß die Dienste klappen müssen, und zwar wird das so gehandhabt, daß wir wöchentlich Dienste haben, die reihum laufen und wir haben eine gemeinsame Küchenkasse für die Grundnahrungsmittel. Und es war auch nicht so, daß wir ein gemeinsames Kochprogramm aufgezogen haben, wie es häufig der Fall ist. Ich habe ganz klar am Anfang geäußert, wir fangen mit einem Minimalprogramm an, und aus dem wird dann Gemeinsamkeit entwickelt. Wenn man was miteinander anfangen kann, dann wird sich das eh schon von allein ergeben, daß man was miteinander zusammen macht. Die Wohngemeinschaft ist ja eine Form, in der man auf eine vielfältige Art gefordert wird, und seine sozialen Fähigkeiten ausleben kann.

Die Wohnung kostet mit Strom, Gas und Miete knapp was über DM 1000,– für 7 1/2 Zimmer. Damals gab es noch die Praxis hier drinnen, die Elisabeth bis zum vorigen Jahr betrieben hat. Ja, dann kannte die Elisabeth die Hanneken, die rief hier mal an und sagte, sie wollte sich verändern, ob die Elisabeth nicht was in der Stadt wüßte. Und da wußte die Elisabeth natürlich was. Ja, das war Anfang Nov. 1974.

I.: Wie war denn deine Position als einziger Mann?

Abu: Weder Hahn im Korb noch unterdrückter Mann.

Herbert: Also Cliquenbildung hat es hier eigentlich nie gegeben, sondern es war eher so, daß hier von jedem die eigene Persönlichkeit voll akzeptiert wurde. Das war auch so ein Grund, warum ich hier eingezogen bin, die Hanneke war natürlich der Hauptgrund. Ich hatte damals in einer kleinen Wohnung allein gewohnt, und hatte mehr oder minder schlechte Erfahrungen mit einer anderen Wohngemeinschaft, und dann hatte ich mich dahin zurückgezogen, aber mit dem Gedanken, wieder in eine Wohngemeinschaft zu gehen.

Bei der ersten Wohngemeinschaft gab es schon die ersten Auseinandersetzungen bei der Frage, wer wann wie wo einzieht. Wir mußten ein halbes Jahr an der Wohnung arbeiten, weil sie in einem so schlechten Zustand war, und als dann die Wohnung fertig war, und wir eigentlich anfangen konnten zu leben, da gab es die nächsten Reibereien. Einer von den Typen war verheiratet gewesen und hatte auch ein Kind, er hatte aber nebenbei noch eine Beziehung zu einer anderen Frau, die ist dann auch in die Wohngemeinschaft mit eingezogen, und die Ehefrau mit dem Kind eben nicht, das war also ohnehin verzwickt. Vorher waren wir so eine Truppe, die auf dem Matratzenlager zusammengepennt hat und immer unheimlich viel zusammen gemacht hat.

Und auf einmal stellte die Frau, die diese Beziehung hatte, den Anspruch: »Trautes Heim, Glück allein!«, und sie freute sich über das eigene Zimmer, und da war auch schon wieder ein Konflikt. Wir anderen waren Einzelpersonen und hatten auch Außenkontakte und die stellte dann den Anspruch: Also ihr müßt immer zuhause sein, auch ganz groß mit Kochen und all so'ne Dinger. Und daraufhin bin ich dann erstmal ausgezogen. Und so um den Dreh herum haben wir uns dann auch kennengelernt, Hanneke und ich.

Die entscheidende Sache war dann, daß wir beide nach Griechenland gefahren sind, und es ergab sich dann, warum ziehen wir nicht zusammen? Wir haben alle miteinander geredet, Hilde, Abu, ob ich hier einziehen könnte, aber eigentlich war ich schon integriert.

Hanneke: Ich weiß noch, wie ich zu Anfang von euch gefragt worden bin, ob ich überhaupt schon Männerbekanntschaften habe. Und da habe ich noch gesagt, kommt bei mir nicht in Frage, ich habe eine neue Arbeit gefunden, das reicht erst einmal. Und nach einem Monat war er schon da.

Zweierbeziehungen

Abu: Ich muß auch sagen, daß ich damals die Vorstellung hatte, daß es optimal wäre, wenn innerhalb einer Wohngemeinschaft keine festen Paarbeziehungen wären, daß die festen Paarbeziehungen nach außen laufen, und daß die Wohngemeinschaft von solchen Zweierkonflikten frei gehalten ist, so daß jeder nach Hause kommen kann, wie wir es auch erlebt haben, und sich hier ausheulen kann.

Diese Vorstellung habe ich mittlerweile korrigiert. Aus der Erfahrung heraus mit den anderen Wohngemeinschaften, in denen ich nicht gelebt habe, aber bei denen ich gesehen habe, woran sie zugrunde gegangen sind. Der eine Grund war der, daß bei diesen anderen Wohngemeinschaften von vornherein viel zu viele Erwartungen gestellt wurden, so was Aufgehobensein angeht und Anspruch an Gemeinsamkeit, und das war bei den meisten einfach nicht einlösbar.

Und die andere Geschichte war die mit den Paarbeziehungen, daß sich da zwei absonderten und daß das ziemlich viel Konflikte brachte, oder aber jeder für sich versuchte, möglichst viele Leute auf seine Seite zu bekommen. Deshalb war ich damals auf dem Trip zu sagen, es ist besser, wenn die festen Freunde draußen sind. Und da muß ich sagen, daß das hier wirklich optimal gelaufen ist. Hanneke und Herbert sind zwar verheiratet, haben die Laura und demnächst kommt auch das zweite Kind. Es war einfach dufte, daß das mit euch beiden nicht so eine abgeschlossene Geschichte war.

Herbert: Das lag sicher auch an unseren vorausgegangenen Erfahrungen. Ich war ja auch geschädigt durch diese Zweiergeschichte in der Wohngemeinschaft und hatte auch gar nicht die Absicht, nun wieder Forderungen zu stellen. Im Gegenteil, wir beide waren damals sowieso so locker und waren auch offener und freier, wir hatten da auch nicht die Belastung mit dem Kind. Wir haben jeder einzeln mit irgendeinem hier aus der Wohngemeinschaft immer was machen können, und dadurch sind wir nie als so ein Block aufgetreten. Selbst jetzt nicht, wo wir sicherlich häufiger zuhause hocken wegen des Kindes, trotzdem glaube ich nicht, daß wir als Block auftreten.

Wir vier hier, Elisabeth, Abu, Hanneke und ich, wir haben dann auch unheimlich viel zusammen gemacht, so an Freizeitgeschehen wohlgemerkt. Irgendwo ergab sich das immer: Komm, wir gehen jetzt los in eine Kneipe oder was anderes, wir haben dann auch angefangen, gemeinsam Geburtstag zu feiern, indem wir die einzelnen Leute überrascht haben. Wir hatten die Überlegung, es ist im Grunde genommen egal, ob du verheiratet bist oder nicht, wenn du die Absicht hast, länger zusammenzubleiben, dann kannst du auch heiraten. Dann haben wir mal mit den Leuten hier so gesprochen, und dann haben wir hier so ein großes Fest gemacht.

Hanneke: Ja, das war ein tolles Fest, die meisten Leute, die hier waren, wohnten auch in Wohngemeinschaften.

Abu: Es waren auch unheimlich viele Ausländer hier, wodurch das Fest noch dufter wurde.

Herbert: Es kamen auch ältere Leute, meine Mutter und noch andere ältere Leute, also von nachmittags, wie das hier losging mit Kuchen bakken bis morgens um 7 Uhr, schätze ich, daß hier so ungefähr 120 Leute durchgelaufen waren, wobei so 80 Leute zur Hauptzeit hier waren. Also das war unheimlich schön gewesen.

I.: Ist das Ehepaar für die anderen stabilisierend?

Herbert: Also ich bin in mir selbst stabil, bedingt durch meine Beziehung zu Hanneke. Die beiden anderen Männer flippen draußen noch so rum, und ich glaube, daß ich manchmal so ein bißchen stabilisierend auf die wirken kann.

Abu: Also irgendwie stabilisiert uns das schon, aber das liegt an der Form, wie ihr hier lebt.

Hanneke: Ja, wir sind eigentlich zwei Leute, die hier wohnen, und haben halt geheiratet.

Elisabeth: Ich würde auch sagen, die Geschichte, daß ihr verheiratet seid, stabilisiert mich überhaupt nicht.

Trennungen

I.: Was war mit denen, die zwischendurch für einige Zeit in der Wohngemeinschaft waren?

Hanneke: Das war einmal ein Theologe und eine Medizinstudentin, das dauerte jeweils ein $^3/_4$ Jahr. Den einen haben wir so ein bißchen weggeekelt, der hat dann freiwillig verstanden, daß er weggehen mußte.

Herbert: Das war der Theologe, aber das war ganz leicht, wirklich kaum Druck.

Hanneke: Und bei der Studentin, bei Dora, da gab es wirklich Auseinandersetzungen, und sie hat mit Tränen in den Augen gefragt, ob sie doch nicht bleiben könnte, und dann haben wir nach stundenlangen Debatten gesagt, nein, es geht wirklich nicht mehr.

Herbert: Ja, Dora haben wir halt rausgeschmissen.

Abu: Ich hatte einen Aushang gemacht, und darüber hatte sie sich gemeldet, und ich fand sie deshalb ganz interessant, weil sie sagte, sie war in Frankfurt, Paris und Wien und hatte überall in Wohngemeinschaften gelebt.

I.: Habt ihr eigentlich ein Einstellungsgespräch mit ihr gemacht?

Hanneke: Nein, aber wir haben aus den beiden Erfahrungen, wo wir das so ganz locker gemacht haben, die Konsequenzen für das dritte Mal – beim Hatte – gezogen, nämlich die, gewisse Kriterien auszudiskutieren. Wir haben gesagt, warum hat es nicht geklappt? Es waren beides Studenten, sie waren beide unter 30, wir sind alle über 30, wir arbeiten und haben eine gewisse Geldsumme zur Verfügung. Und bei der Dora gab es ganz klar finanzielle Probleme, dann kam noch dazu, sie war 26 und hatte die erste große Liebe. Das hatten wir alles schon hinter uns. Und die Uni-Geschichten waren für uns auch nicht mehr neu, da haben wir gesagt, bei solchen Leuten müssen wir einfach vorsichtig sein. Lieber jemand, der arbeitet, der über 30 ist und der Erfahrung hat.

Herbert: Der Konflikt kam auch ganz stark aus den Zweierbeziehungen, sie hatte sich mit jemand angefreundet, den wir eigentlich schon länger kannten, und wenn er kam, wurde jedes Gespräch abgebrochen, und sie war weg in ihrem Zimmer, Tür zu. Und dann hat die Dora ihrem Mann das Frühstück gemacht, und zwar so, daß man wirklich keine Lust hatte, sich dazu zu setzen.

Abu: Ja, aber ich glaube, das Entscheidende war, daß der Mann hier so eine richtige parasitäre Existenz geführt hat, der hat hier voll gewohnt, gegessen und alles und war täglich hier, und das für ein halbes Jahr. Hat dabei aber keine Dienste übernommen, aber wirklich nichts und hat sich wirklich von der Dora hier aushalten lassen, weil sie wirklich alles gemacht hat, offenbar aus der Angst heraus, ihn zu verlieren.

Herbert: Ja, daraufhin haben wir der Dora vorgeschlagen, daß sie einen Untermietervertrag bekommt, sie kriegt eine Kochnische rein und einen Zwischenzähler.

Abu: Den Mann haben wir ohnehin nicht verstanden, und dann hat sich herausgestellt, daß Dora viel glatter war, als wir ursprünglich angenommen haben, und daß sie jetzt einfach langweilig war.

I.: Was meinst du mit »glatt«?

Herbert: Wir alle sind hier irgendwo Persönlichkeiten, haben unsere Macken und Schrullen. Der Abu ist z.B. zeitweilig ein bißchen wunderlich, und sie war einerseits ein bißchen opportunistisch, so ein Mäuschen so, nichts eingebracht, keine Ideen, nichts verändert hier, sie ist gekommen und gegangen und alles war wie vorher, das, was an Veränderung war, war von uns gebracht worden.

Hanneke: Du konntest fragen, was du wolltest, es kam nichts.

Herbert: Übrigens sind die beiden jetzt immer noch zusammen und wohnen beide in einer Wohnung.

Abu: Nach diesen beiden Erfahrungen, mit dem Theologen, der nachts um drei Bilder in die Wand schlug und Dora, haben wir dann gesagt, gut, dann bleiben wir vier unter uns. Dieser Zustand blieb dann bis Dezember 1974.

Herbert: Dann zog die Elisabeth mit ihrem Büro hier aus, und dadurch hatten wir wieder ein Zimmer frei.

Kinderbetreuung

I.: Wie regelt ihr die Kinderbetreuung?

Abu: Die Hauptlast für Laura liegt bei Hanneke.

Hanneke: Wie man den Privatbereich regelt, das ist eben jedem einzelnen überlassen, und wir haben einfach keine Lust, die Wohngemeinschaft zu fragen, ob wir Kinder haben können. Das Kind war da, und von daher entfiel die Hauptlast auf uns, aber es ist halt dufte, daß die anderen auch so emotional beteiligt sind, und auch was mit dem Kind machen. Aber wir stellen nicht die Forderung, daß sie sich an der Erziehung beteiligen.

Herbert: Ich erinnere mich noch, ich war der letzte, der was von der Schwangerschaft gehört hat. Die saßen hier schon alle rum und haben gefeixt.

Hanneke: Also ich fühle mich schon entlastet, ich kann abends weg, und zwischendurch ist immer jemand da. Man braucht nicht zu fragen, es ist jemand da, der Laura mal auf den Topf setzt oder ihr mal einen Keks gibt. Und sie nimmt das auch selbstverständlich an, sie geht einfach zu Abu oder Lisbeth und sagt, ich will trinken oder essen.

Dazu kommt noch im Moment mit meiner Schwangerschaft, ich bin ein halbes Jahr krank geschrieben worden, und wenn ich dann allein wäre… So höre ich wenigstens noch was von den anderen über Arbeit usw. und schlaffe nicht total ab.

Besuch, Arbeit und Konflikte

I.: Wieviel Besuch habt ihr?

Elisabeth: Hier kann jeder mitbringen, wen er will und wann er will, aber hier ist es eher ruhig, also sowas wie vier Besucher pro Tag haben wir hier sicher nicht.

Hanneke: Weil wir auch arbeiten, das ist sonst eher ein studentisches Problem.

Gut ist auch, wenn du längere Zeit zusammenwohnst, daß da eine gemeinsame Basis da ist, wenn du nach der Arbeit nach Hause kommst und daß du dich dann wohl fühlst. Und nicht stundenlange Auseinandersetzungen über irgendwelche Scheißgeschichten hast.

Herbert: Ich muß ehrlich sagen, wir haben noch nie Konflikte wegen Fernsehprogramm gehabt, noch nie wegen fehlender Telefoneinheiten...

Hanneke: Wir sagen uns auch, o.k. da fehlen hundert Einheiten, aber was sollen wir uns streiten wegen 100 Einheiten, es gibt wirklich Dinge, die wichtiger sind.

I.: Ihr könntet doch eigentlich auch politisch ganz gut zusammenarbeiten.

Elisabeth: Also meine Arbeit als Rechtsanwalt ist allein schon politisch genug, daß hier ein Projekt zusammen zu machen einfach zuviel wäre.

Abu: Ich war längere Zeit im SDS und habe da Basisarbeit gemacht, und diese Geschichten sind ja alle baden gegangen, und ich bin jetzt tatsächlich politisch inaktiver geworden, was ich aber nicht gut finde.

Herbert: Ich war damals auch in der »Roten Hilfe« und solchen Gruppen aktiv. Mit dem Kind kann man da abends auch nicht mehr so hin, wenn die Gruppen tagen. Aber partiell werden wir natürlich wieder bei bestimmten Sachen aktiviert.

Hanneke: Was ich an dieser Wohngemeinschaft hier so anziehend fand, war die Praxis, die hier drin war, daß hier Arbeit, Politik und öffentliches Leben zusammenkommen. Aber ich habe nie daran gedacht, hier nun ein Projekt zu starten.

I.: Wie ist eigentlich die Stimmung gegenüber Wohngemeinschaften in der Bevölkerung?

Elisabeth: Ich finde, die Stimmung gegenüber Wohngemeinschaften hat sich normalisiert.

Herbert: Glaube ich nicht. Mir hat die Kindergärtnerin z.B. gesagt, sie findet es zwar ganz dufte, aber sie selbst würde das nicht über sich bringen. Die haben auch immer noch Wahnsinnsvorstellungen, was hier läuft. Die Anlässe, die für uns selbstverständlich sind, mit den Handtüchern und so, die sagen: ich muß mein eigenes Handtuch haben, und ich glaube, da hat sich noch nichts normalisiert.

Elisabeth: Also früher hast du ja keine Arbeit gekriegt, wenn du in einer Wohngemeinschaft wohntest, außerdem ist das bei Alleinstehenden und Nichtverheirateten bei der Wohnungssuche genauso schwer, weil die das Mißtrauen gegen eine bestimmte Altersgruppe haben.

Besitz und Eigentum

I.: Wieweit habt ihr denn Gemeinschaftseigentum?

Herbert: Gegenstände des täglichen Gebrauchs, Kleidung wird von Zeit zu Zeit ausgetauscht. Wir haben uns zusammen einiges Gemeinschaftseigentum angeschafft, die Waschmaschine, den Wäschetrockner.

Neue Verkehrsformen

I.: Habt ihr in irgendeiner Form neue Verkehrsformen entwickelt?

Abu: Wir gehen ganz bestimmt anders miteinander um, als das sonst Leute machen. Also ich neige wirklich so ein bißchen zur Eigenbrötelei und daß ich das nicht gerade als guten Zug an mir empfinde, und wenn ich alleine wohnen würde, würde sich das noch verstärken.

Herbert: Wir haben alle zusammen auch den Anspruch, nicht so griesgrämig dahinzuleben und stattdessen lustig zu sein, und das kann man allein gar nicht so verwirklichen. Es gibt hier wahnsinnig spontane Geschichten, die hier ablaufen. Letztens haben wir Abus Bett rausgetragen, als der nachts aus der Kneipe kam und sein Bett war verschwunden. Oder wie es anfing so warm zu werden, haben wir dem Hatte zwei Heizlüfter ins Zimmer gestellt und das vollgepumpt mit Wärme. Ein Haufen Blödsinn also, der hier stattfindet, und den du eben allein nicht machen kannst. Man lebt nicht mehr allein, man lebt nicht mehr in einer Zweierbeziehung, man ist aber auch gezwungen, mehr Rücksicht auf andere zu nehmen und auf sie einzugehen. Das fängt damit an, wenn einer mit Einkaufen dran ist, dann überlegt er, was ißt der eine am liebsten, der Abu mag harte Wurst ganz gern usw. Man fühlt und denkt eben doch an die anderen Leute hier. Oder man hat ein duftes Erlebnis gehabt, kommt nach Hause und kann das mit jedem einzelnen hier bekakeln, Sachen, die sonst eben nicht möglich sind.

Elisabeth: Am meisten fällt das auf, wenn man Besuch hat, wie ich von meiner Mutter, die fragt mich dann nach meinen Handtüchern und ich sage dann: »Weiß nicht wo meine sind!« Daß eben solche Sachen Gemeinschaftseigentum hier sind, da liegt ein ganzer Stapel Handtücher, der wird eben verbraucht.

I.: Habt ihr denn von den anderen Mitgliedern auch neue Sichtweisen gelernt?

Herbert: Ja, teilweise schon. Guck mal, ich bin Elektriker und da lernt man mit Wasserwaage und Fallot Leitungen gerade zu verlegen und dann habe ich in der einen Wohngemeinschaft mit einem Künstler zusammengewohnt. Durch den kam ich dann auf den Gedanken, warum müssen die Leitungen eigentlich immer gerade sein, so daß ich versucht habe, elektrische Leitungen auch als Stilmittel zu benutzen. Die Wohngemeinschaft ist in jedem Fall unheimlich tolerant, wenn Abu seine Wimmermusik mit 100 Watt den Flur langschallen läßt.

Abu: Und wenn du mir das zwanzigste Telefon andrehen willst, mit dem ich die Wohnungstür anwählen kann.

I.: Wie würdet ihr eure Erfahrungen mit Wohngemeinschaften zusammenfassen?

Elisabeth: Ich könnte nicht mehr allein leben, weil es solche massiven Veränderungen auch in den Verhaltensweisen gegeben hat.

Abu: Also wichtig war für mich, daß man von Anfang an keine hochgespannten Erwartungen hatte, daß jeder für sich selber so eigenständig genug war, daß die Leute sich untereinander sehr tolerant verhalten, daß man sich gegenseitig auch wirklich akzeptiert und annimmt, und daß wir ein Gefühl der Zusammengehörigkeit entwickelt haben.

Herbert: Was bei uns eben auch stimmt, ist die ökonomische Basis; wenn wir Studenten wären mit 500,– DM Bafög, dann gäbe es sicherlich finanzielle Konflikte. Die Wohnung kostet nämlich bereits 1000,– DM. Bei P... und D... konnte man das z.B. am Essen sehen, wir hatten keine Lust, immer möglichst billig zu essen, und leisten uns auch mal was Leckeres und zahlen deshalb so jeder 50,– DM in der Woche fürs Essen.

Abu: Ich glaube, wenn die Kommunikation mit der D. gestimmt hätte, dann wäre das auch kein Problem gewesen. Aus der einen Wohngemeinschaft, in der ich war, weiß ich z.B., daß zwei Leute ein Jahr lang überhaupt kein Geld hatten und dann in dieser Zeit mit durchgeschleppt wurden.

Herbert: Die Zimmer sind ja auch ein bißchen nach der Erwägung, der hat mehr und der hat weniger, finanziell aufgeteilt worden. Der Abu zahlt so im Moment von uns allen am meisten. Und wir haben eben auch alle ein Auto.

Elisabeth: Aber wenn es erforderlich ist, gibt es aber auch keine Probleme beim Auto-Verleihen. Wenn man z.B. größere Strecken fahren will, dann leiht man sich einfach das schnellste Auto aus.

Herbert: Das Zusammenleben in der Gruppe ist für uns so selbstverständlich geworden, daß wir uns da gar keine großen Gedanken mehr machen.

Hanneke: Ich lebe seit zehn Jahren in Gruppen, ich kann mir das andere Leben gar nicht mehr vorstellen.

Beispiel 4:

Die vierte Gruppe besteht aus fünf Personen, die seit 1975 zusammenleben. Zwei Mitglieder sind Studenten, zwei Lehrer, einer ist Angestellter.

Hans ist 33, Rüdiger 24, Marianne 21, Benno und Christine (Tine), die ein Paar sind, 30 und 27 Jahre alt.

Die Eltern der Mitglieder sind Bauern, Lehrer, Tischler, Arbeiter und höherer Angestellter.

Die Gruppe bewohnt im Stadtkern die untere Etage eines freistehenden Hauses.

Entstehungsgeschichte und Mitgliederselektion
I.: Was war deine Motivation gewesen, in ein Kollektiv zu gehen?

Rüdiger: Das hat bei mir mit der Drogenszene angefangen. Ich sah als Abiturient, wie die anderen ihren Freisitz auf dem Land hatten und dort hingingen, nicht um zu arbeiten, sondern um Drogen zu konsumieren, um Musik machen zu können, um ungestört zu sein, um eine Bude einrichten zu können und anzumalen, wie es ihnen Spaß macht, um nicht mehr der elterlichen Kontrolle zu unterliegen. Da habe ich zum ersten Mal mit der ganzen Sache Berührung gehabt. Ich habe dann mit vier Zivildienstleistenden eine Wohngemeinschaft gemacht, die ganz anders geartet war, die mit Drogen nichts zu tun hatte, sondern eher eine politische Zielrichtung hatte, daß wir uns unserer Rolle als Staatsbürger ganz bewußt wurden.

Für mich hatte das damals eine ziemliche Bedeutung, daß ich mit Leuten was gemeinsam hatte, ob das nun gemeinsame Diskussionen oder ein gemeinsamer Haushalt war. Als ich nach Braunschweig kam, habe ich vier Wochen im Studentenheim gewohnt, das waren zwanzig Leute pro Etage, lange gerade Flure, und da kam ich mir sehr eingeschlossen vor in diesem 10 qm-Zimmer, und in diesem Heim wohnten auch nur Männer, die ausschließlich über Autos, Bier und Frauen reden konnten, was mich sehr frustriert hat, und wobei ich dieses Gefühl, mit Leuten zusammenzuleben, total vermißte.

In diese Wohngemeinschaft hier bin ich im April 1975 eingezogen. Unsere Gruppe war nicht von Anfang an zusammen, sondern es waren fünf Leute da, und die sind eine Woche vor dem Einzug auseinandergefallen und da blieben nur zwei übrig; ein Pärchen, der Benno und die Tine, die wohnen jetzt auch noch hier. Und die haben beim Martinswerk angefragt. Das Martinswerk ist ein Verein, der sich zum Ziel gesetzt hat, Wohngemeinschaften zu fördern und ganz speziell Wohnraum zu vermitteln. Die Mitglieder sind ehrenamtlich tätig, das Werk ist gemeinnützig und dem deutschen paritätischen Wohlfahrtsverband angeschlossen. Die haben jetzt vor sechs Jahren angefangen, Wohnungen anzumieten, und wir wollten damals die 12. Wohnung. Da war ein sehr großer Andrang, also heute ist der auch noch sehr groß, aber diese Wohnung war sehr begehrt, weil sie sehr schön gelegen war, nah zur Uni, auch die Miete war recht günstig, damals 500,– DM für 150 qm, und da hatte der Martinswerkvorstand so ein Verfahren, nach dem er Gruppen beurteilte, wer die Wohnung bekommt. Ein wesentlicher Kritikpunkt war dabei das Selbstverständnis als Gruppe, wieweit man nun Wohngemeinschaft war oder wieweit man nur Zweck- oder Flurgemeinschaft war. Dabei wurden die Gruppen bevorzugt, die die Idee hatten, viel zusammen zu tun und viel zusammen zu lernen.

Nun war gerade die Woche zuvor die Gruppe kaputtgegangen, und da hatten sich Benno und Tine, das darf man gar nicht sagen, ganz schnell ein paar Leute zusammengekratzt und gesagt, nun macht doch mal mit, wir müssen die Wohnung unbedingt kriegen, und tut so als ob ihr zu uns gehört. Aber das klappte dann auch.

Da war ein Aushang in der Mensa und, wie das so üblich ist, folgten die Auswahlgespräche. Man trifft sich so ein paar Mal in der Woche und tastete sich etwas ab, was hast du vor, was machst du so, und das klappte dann auch, nach einem Monat waren wir dann alle hier drin.

Probleme gab es am Anfang ziemlich doll, weil der Benno, der hatte das im wesentlichen organisiert, hatte auch alle Fäden in der Hand, er war der älteste mit 26 Jahren, und der hat auch den meisten Durchblick gehabt. Der wußte, wie alles läuft und wie das mit dem Wohnungsamt läuft, Miete und Stadtwerke-Rechnung. Und wir alle, von zu Hause frisch weg, hatten keine Ahnung davon, und durch diese Position ist er auch ziemlich schnell in eine Machtposition gekommen, daß er sagte, das und das wird so und so gemacht, und wir waren dann mehr so ausführende.

Das ging dann vielleicht ein halbes Jahr gut, ehe wir auch soweit waren und durchblickten, und dann haben wir ihm diese Position natürlich streitig gemacht. Nach einem halben Jahr hat es dann sehr arge Kämpfe gegeben. Nach diesen Machtkämpfen hat es sich so einigermaßen normalisiert.

I.: Bezogen sich diese Machtkämpfe nur auf administrative Fragen oder ging das auch weiter?«

Rüdiger: Das ging auch weiter, auch in Diskussionen und so. Benno hatte schon lange gearbeitet, und auch zwei Studiengänge gemacht und hatte auch gerade in politischen Sachen einen größeren Durchblick; wenn wir auch was sagten, dann sagte er, das stimmt doch überhaupt nicht, du mußt dich mal informieren; er hatte dann einfach die Ahnung und konnte uns so in Diskussionen beherrschen, so daß wir gar nicht zum Zuge kamen. Dann hat er auch persönlich so eine Art gehabt, daß er so holperig oder rumpelig sein kann und einem einfach das Wort abschneidet und eben sagt, das ist eben nicht so, das mußt du mal einsehen, und das hat uns am Anfang sehr viele Schwierigkeiten bereitet.

Als ich dann anfing, Psychologie zu studieren, habe ich im ersten Jahr sehr viel Kommunikationsgruppen gemacht, und habe das dann auch hier versucht, Kommunikationstraining und Kooperationstraining anzuleiern, das haben wir dann öfter mit wechselndem Erfolg gemacht. Die ersten Kommunikationsübungen waren recht gut, daß man also lernte, den anderen zuzuhören, auf Fragen einzugehen, nachzufragen, den zu verstehen, das brachte uns auch mit dem Benno etwas näher zusammen, weil er dann seinen Sprachstil ändern konnte.

I.: Wirkte sich das denn auch auf die Alltagsorganisation aus?

Rüdiger: Wir hatten von Anfang an einen Reinigungsplan, der wöchentlich wechselte. Der war aufgeteilt nach Flur, Badezimmer, Küche, Wintergarten, und der fünfte war für den Garten zuständig. Und das wechselte jede Woche reihum, so daß jeder einmal dran war. Einkaufen war zu Anfang bei dem Typ, der den Wintergarten machen mußte, weil da nicht viel zu tun war. Und beim Essen haben wir einen Wochenplan gemacht, daß jeder einmal in der Woche Essen gekocht hat, und am Wochenende haben wir meistens was zusammen gemacht. Die Wäsche haben wir am Anfang nach Hause gebracht, dann hatten wir so ein Waschcenter an der Ecke, und dann haben wir uns selbst eine Waschmaschine gekauft, vor einem ¾ Jahr etwa.

Den Plan haben wir vor einem Jahr etwa wieder abgeschafft, weil wir das Gefühl hatten, der reglementiert uns zu sehr, wir wollten versuchen, eine andere Arbeitsform zu finden. Es war auch so, daß das eine Belastung war, jetzt stand der Plan da, jetzt mußt du noch den Flur schrubben, und das waren immer so einzelne Arbeiten und die anderen vier saßen in ihren Zimmern und man selbst mußte arbeiten, das wurde von einigen und von mir auch ganz besonders als unbefriedigend empfunden. Es wurde dann vorgeschlagen, ob wir uns nicht einen Nachmittag oder einen Vormittag ein paar Stunden nehmen, und dann jeder irgendwo rumwirbelt, daß das als Gruppenerlebnis eben mehr Spaß macht. Das haben wir aber nur zwei- oder dreimal geschafft, weil das terminlich nicht hinzukriegen war, daß zur gleichen Zeit alle Zeit hatten. Die Christine sagt heute auch noch, daß es für sie einfacher ist, zwischendurch mal eine halbe Stunde was zu machen, daß sie dafür nicht einen festen Termin machen kann.

Jetzt waren wir die letzten Wochen wieder in der Diskussion, ob wir nicht wieder einen festen Plan einrichten, weil das so ein bißchen außer Kontrolle geraten war. Also, die Dienste wurden erstmal wesentlich schlechter erledigt, nicht mehr so kontinuierlich, und es hat sich im Unterschied zu Anfang gezeigt, daß dabei die beiden Frauen hier viel mehr machen. Vor allem da mehr machen, wo das Sauberkeitsproblem berührt wird, also Küche wischen und das Klo sauber machen, während die drei Männer so mehr handwerkliche Dinge im Haus machen. Das ist also eine ziemlich klassische Rollenaufteilung geworden.

I.: Woran liegt das, am nachwirkenden Einfluß des Elternhauses?

Rüdiger: Bei der Christine bestimmt, die hat von zuhause aus ein ziemlich hohes Sauberkeitsniveau gehabt, das für uns alle sehr hoch liegt. Sie sagt z. B., das ist dreckig, da empfinden wir es alle noch nicht als dreckig, wenn z. B. am Spiegel ein paar Spritzer von der Zahnpasta sind. Dann wäscht sie sich nicht, weil sie sich dann angeekelt fühlt. Das war für uns zu Anfang ein großes Problem, und dann haben wir uns geeinigt, daß wir alle darauf achten, daß wir es ziemlich sauber halten, daß wir alle mit dem Zustand zufrieden sind.

Das ging auch eine Weile eigentlich ganz gut, die Tine hat sich so ein bißchen in ihrem Level gesenkt, so daß wir uns ein bißchen angeglichen haben, aber jetzt, wo der Plan nicht mehr da war, ist das Sauberkeitsproblem wieder ziemlich schnell eingerissen. Und dann fand erst eine gewisse Teilung statt, weil zwar jeder für vieles gleichzeitig zuständig war, sich dann aber doch Vorlieben herausgebildet haben. Ich bin beispielsweise gern im Garten und beschäftige mich mit den Pflanzen und Bäumen.

I.: Ihr seid aber noch nicht soweit, daß ihr einen neuen Plan habt?

Rüdiger: Das hat aber auch einen ganz pragmatischen Grund, weil die Zukunftschancen hier nicht mehr so hoch sind. Der Benno weiß schon jetzt, daß er auszieht. Er zieht im September aus, weil er eine Stelle bekommen hat.

Die Tine, seine Freundin, muß noch ihre Prüfungen machen, und kommt dann nach einem halben Jahr nach. Die haben sich jetzt eine große Wohnung mit 8 Zimmern gemietet und wollen da jetzt noch ein zweites Paar reinnehmen. Intern wollen sie also sowas wie eine Wohngemeinschaft machen, nach außen das aber nicht unbedingt wie ein Schild vorwegtragen. Sie wollen eben nicht den Anspruch nach außen demonstrieren, wir sind halt eine Wohngemeinschaft und machen alles besser und anders als ihr, denn man hat gerade in solchen Gegenden wahrscheinlich als Junglehrer einen schweren Stand, man wird dann leicht abgestempelt und ist dann in einer Ecke drin, aus der man so schnell nicht mehr herauskommt.

I.: Wie habt ihr die Finanzen geregelt?

Rüdiger: Hauptmieter ist das Martinswerk, wir sind alle Untermieter. Wir haben die Räume, da sie unterschiedlich groß sind, mit verschiedenen Mieten belegt. Der größte Raum kostet DM 120,–, der kleinste Raum DM 100,–, die Preise sind über den Daumen gepeilt worden. Dieses Verfahren empfinde ich zunehmend als unbefriedigend und ich habe mich jetzt dafür stark gemacht, daß wir das prozentual zum Einkommen machen, weil doch die beiden Berufstätigen mehr als das Doppelte von dem verdienen, was wir beiden Studenten verdienen. Trotzdem zahlen wir auch bei den Lebensmitteln die gleichen Unkosten, ich finde das nicht mehr so gerecht wie am Anfang, als wir alle noch gleichviel Bafög bekamen.

In dieser Wohngemeinschaft kann ich das aber auch akzeptieren, weil hier halt die Verbindlichkeit fehlt, was sollst du für einen anderen mitbezahlen, wenn du nach einem Jahr ausziehst. Das war für mich in der neuen Gruppe eine ganz starke Motivation, daß es von vornherein klar war, daß jeder soviel zahlt wie er kann. Der Dipl.-Ingenieur, der verdient so um die

DM 3000,–, für den war ganz klar, daß er das Dreifache von dem bezahlt, was ich bezahle.

I.: Wie regelt ihr eure Anschaffungen?

Rüdiger: Die Möbel in den Einzelzimmern sind von jedem privat angeschafft, die Möbel in der Küche haben wir uns besorgt, die Waschmaschine haben sich der Benno und die Tine gekauft. Ansonsten haben wir uns keine größeren Sachen angeschafft. Das Auto von Benno und Tine benutzen wir gemeinsam, Bücher und Platten leihen wir uns aus und geben sie dann dem jeweiligen zurück.

Neue und alte Kommunikationsstrukturen

I.: Du ziehst demnächst in eine neue Wohngemeinschaft?

Rüdiger: Ja, ich habe mit anderen dieses Haus gekauft, in das ich dann mit sechs Erwachsenen einziehen will, und es wird wohl noch maximal ein halbes Jahr dauern, dann ziehe ich hier aus. Die beiden anderen, der Hans und die Marianne, die bleiben hier, und sind auch schon dabei, neue Leute zu suchen. Aus diesem Grund gibt es bei uns diese Notwendigkeit nicht mehr, das ist jetzt schon fast so eine Übergangsphase, und von daher ist auch das Aktivitätsniveau nicht mehr so hoch, wie es einmal gewesen ist. Wenn du so willst, dann kann man sagen, daß unsere Blütezeit vorbei ist. Die war im letzten Jahr, da war es hier sehr gut.

I.: Woran machte sich das bemerkbar?

Rüdiger: An so einer abstrusen Sache wie Gruppengefühl. Ich habe das daran gemerkt, daß ich nach einem Jahr anfing zu sagen, ich fahre nicht nach Hause, sondern ich fahre zu meinen Eltern, mein zuhause war da bereits die Wohngemeinschaft geworden. Das war ein schönes Gefühl, das so wahrzunehmen und zu erleben, ich habe mich gefreut, wenn ich hier hergekommen bin. Jetzt bin ich schon wieder mehr nach außen orientiert. Ich habe zwar noch mein Zimmer, auch die Leute sind noch dieselben, aber ich bin eben doch mehr nach außen gerichtet.

I.: Hast du eine Zweierbeziehung?

Rüdiger: Ja, ich bin jetzt mit der Isabel zusammen und den Kindern, und das ist schon irgendwie eine intensive Zweierbeziehung. Isabel ist geschieden und hat zwei Kinder. Da ist noch ein zweites Paar in der Gruppe, in die ich jetzt hineingehe. Ich bin von allen der einzige, der bereits in einer Gruppe gelebt hat. Drei der Leute sind geschieden, zwei leben getrennt und vier davon haben Kinder, zwei jeweils zwei Kinder, also gibt es in diesem Kollektiv insgesamt sechs Kinder.

Und die Kinder sind für die eine wahnsinnige Belastung, weil sie eben auch alle berufstätig sind. Die Mitglieder in dieser Gruppe sind zwischen 24 und 39 Jahre alt, vier sind berufstätig, zwei sind Studenten. Einer ist Dipl.-Ingenieur, eine Sonderschullehrerin, eine Angestellte im öffentlichen Dienst und ein Angestellter bei einer Behörde und zwei Psychologiestudenten.

I.: Wie habt ihr euch kennengelernt?

Rüdiger: Das ist eine längere Geschichte. Vor eineinhalb Jahren gab es hier eine Veranstaltung, die sich Dynamo 77 nannte, die wurde von mehreren Braunschweiger Gruppen getragen, und da haben sich auch verschiedene Gruppen vorgestellt, das Martinswerk, die Asten, Basisgruppen, Schulorganisationen, Männergruppen, Frauengruppen, und diese Gruppen haben dort Arbeitsgruppen gebildet. Aus einer dieser Arbeitsgruppen ist dann sowas wie eine Projektgruppe entstanden, die eine Kinder-Wohngemeinschaft machen wollte. Das waren anfangs so an die zwanzig Leute mit zehn Kindern.

Daraus hat sich aber nichts entwickelt. Diese Projektgruppe hat sich ein halbes Jahr regelmäßig getroffen und hat versucht, alle Probleme vorher zu lösen. Die haben also vorher geregelt, wie der Abwasch geregelt wird, das Projekt stand vorher schon, und damit war es auch schon kaputt, weil die ihre ganzen persönlichen Bezüge total vernachlässigt hatten. Es ging nur um das Projekt und die Frage, wie regeln wir das, wie organisieren wir das, es ging gar nicht darum, sind wir uns überhaupt grün oder sympathisch. Aus dieser Erfahrung haben wir für uns gelernt – der größte Teil meiner Gruppe stammt aus dieser Gruppe –, daß wir Regelungen möglichst ganz außer acht lassen. Wir regeln nur das, was jetzt beim Hauskauf für uns notwendig ist und beschäftigen uns sonst nur mit uns selber, also bereden vergangene Eheerfahrungen und Kindererziehungsprobleme, feiern zusammen Feten oder machen Wochenendausflüge zusammen. Wir wollen die zukünftige Gruppe wirklich dem Alltag überlassen und da sehen, was daraus wird.

I.: Glaubst du, daß du so die Konfliktfähigkeit einzelner Leute abschätzen kannst?

Rüdiger: Ja, ich habe ganz stark die Hoffnung. Wir hatten schon einige große Konflikte, jeder von der Gruppe ist schon mal total ausgeflippt, wollte nichts mehr wissen von uns, und wir haben es eigentlich jedesmal wieder geschafft, daß wir den hereingeholt haben.

I.: Hast du hier in deiner aktuellen Wohngemeinschaft das Gefühl von Offenheit?

Rüdiger: Das ist sehr abgeflaut. Das war mal so, daß wir sehr intime Probleme miteinander bereden konnten. Das war sogar so, daß auch Partner von uns, die außerhalb der Gruppe lebten, sich an dieser offenen Diskussion in der Gruppe beteiligt haben und einbezogen waren. Das war mal eine sehr schöne Zeit. Für mich ist diese Gruppe hier sehr unverbindlich, weil die von vornherein auf Zeit geplant war. Das ist bei studentischen Gruppen wohl meist der Fall, weil die nachher nicht wissen, was mit dem Beruf passiert. Für mich ist das aber unbefriedigend, weil das keine Perspektive hat.

Zu Anfang waren wir hier fünf Studenten, dann waren wir mal vier Beschäftigte und ein Student, dann drei Berufstätige und zwei Studenten, also zwei Lehrer, einer ist angestellt bei einer Behörde. Ich möchte gern was machen, wo Beziehungen intensiver sind, aus einer Verbindlichkeit heraus, und die sehe ich sehr stark bei den Kindern. Ich habe mir schon immer gewünscht, mit Kindern zusammenzusein und sehe das jetzt in dieser anderen Gruppe verwirklicht. Ich hoffe auch, daß wir in dieser großen Gruppe mit sechs Erwachsenen das so aufteilen können, daß trotz der Belastung durch die Kinder noch so viel Freizeit für den einzelnen übrig bleibt, daß jeder seinen Interessen und Neigungen nachgehen kann.

I.: Macht ihr in dieser Wohngemeinschaft Gruppenabende?

Rüdiger: Ja, zu Anfang, als wir Studenten waren, hatten wir genügend Zeit. Da haben wir uns, wenn etwas anlag und das war fast jeden zweiten Abend, zusammengesetzt und haben das besprochen, und dann auch die ganze Nacht durch bis zum nächsten Morgen. Das wurde anders, als wir berufstätig wurden, da liefen aus Zeit- und Koordinationsgründen fast alle intensiven Gespräche in Zweier- oder Dreiergruppen ab. Du mußtest also alles doppelt und dreifach erzählen. Da haben wir uns gesagt, diese Form ist abträglich für unser Gruppengefühl, und da haben wir uns auf einen festen Abend, den Montagabend, geeinigt.

An diesen Abenden versuchen wir Probleme aufzuarbeiten und wenn wir keine Lust dazu haben, dann spielen wir halt Doppelkopf oder gehen irgendwohin oder trinken zusammen.

I.: Welche Konstellationen liegen hier in der Gruppe vor?

Rüdiger: Benno und Tine, Marianne hat einen Freund außerhalb und Hans lebt getrennt von seiner Frau. Dadurch, daß Benno und Tine eine Beziehung hatten, waren sie auch die meiste Zeit hier und hatten das Gefühl, sie sind dauernd hier und wir sind dauernd weg. Es gab dann arge Konflikte, weil sie dachten, wir wollten gar keine Wohngemeinschaft und sie Schwierigkeiten hatten zu verstehen, daß wir einfach weg mußten, weil wir Außenbeziehungen hatten. Wir haben dann versucht, unsere Außenbeziehungen zu integrieren, daß die hier reinkommen und am Gruppengeschehen teilnehmen. Wenn was anlag bei Benno und Tine, dann haben die das erst mal für sich geklärt und am Montagabend kamen sie dann damit raus. Das hat schon Probleme gegeben.

I.: Würdest du denn sagen, daß ihr neue Verkehrsformen entwickelt habt?

Rüdiger: Ja, würde ich schon sagen. Ich sehe es jetzt beim Hans. Der ist getrennt von seiner Frau und hat wahnsinnige Schwierigkeiten, das zu verarbeiten. Er hat auch so eine Strategie, daß er alles in sich hineinfrißt und dann einmal ganz unangemessen reagiert. Inzwischen haben wir es gelernt, zu merken, wie es ihm geht, er kann es sehr gut verstecken und er hat auch gelernt, daß er uns mehr vertrauen kann und kommt jetzt auch mit Sachen raus. Bei Benno und Tine war es auch ziemlich stark so, die hatten auch mit ihren Kommunikationen und Konfliktlösungsstrategien sehr große Schwierigkeiten und da ging es auch gleich hart auf hart auf Konfrontationskurs. Da haben wir sehr schnell gemerkt, daß die total falsch kommunizieren, sich nur Aussagensätze an den Kopf werfen und keiner mal fragt. Die selbst haben das gar nicht gemerkt.

Wir haben das dann auch versucht, etwas zu üben. Jedenfalls konnten wir denen mal einen Spiegel vorhalten, wie sie sich in Streitsituationen verhalten. Ich meine schon, daß sie deshalb heute noch zusammen sind, die wollten damals auseinandergehen, weil sie nicht miteinander reden konnten. Die beiden selber sagen auch, daß das ein Verdienst der Gruppe ist. Die beiden kannten sich noch nicht sehr lange, als sie hier in die Gruppe gingen, erst ein paar Wochen, und ich glaube, das ist auch ein wichtiger Grund für die beiden gewesen, in der Gruppe geblieben zu sein. Sie hatten auch Angst, daß ihnen beim Alleinleben zu zweit einfach die Gruppe fehlt, die ihnen den Spiegel vorhält.

I.: Geht das auch in den erotischen Bereich hinein?

Rüdiger: Wohl nur verbal, man ist zwar insofern zärtlicher zueinander, daß man sich mal in den Arm nimmt oder sich einen Kuß gibt. Es war mal eine Zeitlang so, daß es im Untergrund immer irgendwo mitschwang. Ich habe doch dieses Riesenbett hier, und es war dann schon so, wenn wir Feten machten und ziemlich getrunken hatten, fand ich es immer blöd, daß dann jeder in sein Bett kroch und die Tür hinter sich zumachte. Mein Gott, warum konnten wir hier nicht zusammen einschlafen und dann zusammen wieder aufwachen, aber das war nie drin. Ich habe doch Hoffnung, daß das in der neuen Gruppe besser wird, weil da von vornherein ein viel zärtlicheres Verhältnis ist. Zum Beispiel haben wir uns hier in der Gruppe auch nie nackt gesehen.

I.: Hast du das Gefühl, daß hier Privatheit hinreichend möglich ist?

Rüdiger: Wir haben so ein System gemacht mit Türschildern rot und grün. Also am Anfang habe ich alle Schlüssel eingesammelt und versteckt, und wenn dann jemand seine Tür zumachte, dann hieß das, er will allein sein. Jetzt im Winter ging das nicht mehr mit den offenen Türen, weil da die ganze Wärme rauszog, und da haben wir das mit den Türschildern eingeführt.

Produktionskollektive

I.: Du hast ja erst kürzlich einige Produktionskollektive besucht. Hat diese Erfahrung Auswirkungen auf deine eigene Konzeption von kollektivem Leben gehabt?

Rüdiger: Ja, ein bißchen schon. Ich selber stehe dem Gedanken, in und mit einer Gruppe zu arbeiten, noch etwas fremd gegenüber, ich würde sagen, ich bewege mich darauf zu. Für mich ist im Moment das Zusammenwohnen mit Kindern jetzt erst mal näher. Was ich an den Produktionskollektiven gut finde, ist dieses andere Gefühl des Zusammenlebens. Die haben eine Perspektive, weil sie eine gemeinsame Basis als Existenzgrundlage haben. Durch diese gemeinsame Verbindlichkeit ist auch eine andere Form des Zusammenlebens gefunden worden. Da bedarf es z.B. überhaupt keiner Diskussion im finanziellen Bereich. Geld ist dort, Gemeinschaftseigentum auch, und jeder steuert soviel, wie er eben kann, bei. Bei studentischen Wohngemeinschaften ist es immer so, daß wenn Konflikte auftreten, die Mitglieder dann wegen dieser Unverbindlichkeit immer sehr schnell wieder ausziehen. Es geht also alle halbe Jahre einer weg, und dem Ganzen ist von vornherein nicht diese Perspektive gegeben, wir können auf Lebenszeit etwas zusammen machen. Durch die Erfahrung hier in dieser Gruppe habe ich das Gefühl, daß ein Gruppenleben für mich insgesamt sehr befriedigend ist. Meine Problemverarbeitung geht besser, weil ich diese vielen Spiegel habe und daß ich nicht alleine bin, das ist für mich auch sehr wichtig.

I.: Würdest du sagen, daß in Produktionskollektiven durch die höhere Verbindlichkeit auch eine andere Form der Alltagsorganisation stattfindet?

Rüdiger: Ich glaube, daß durch die gemeinsame Existenzgrundlage die Notwendigkeit einfach viel größer geworden ist, Sachen gemeinsam zu lösen, daß dieser Rückzug nicht mehr so leicht möglich ist, wie das hier bei uns möglich ist. Wenn einer sich total verkracht hat, dann zieht er aus. Da müssen einfach Konflikte angegangen werden, und deshalb werden dort auch ganz andere Formen gefunden, über Konflikte zu reden. Konflikte führen dort nicht unbedingt zu einer Krise der ganzen Gruppe, die mit dem Auszug endet, sondern, weil sie für beide Seiten wichtig sind, werden mit einem Bemühen, den anderen zu verstehen, angegangen. Ich glaube, daß sich diese Verbindlichkeit auch auf den Bereich gemeinsame Emotionalität erstreckt.

I.: Werden zur Bestandserhaltung der Produktionskollektive nicht rigidere Normen eingesetzt als das in anderen Kollektiven der Fall ist?

Rüdiger: Ich glaube, das ist nur zu Anfang so, wenn die Gruppen im Findungsprozeß sind oder sich erst mal dahin orientieren, daß sie produktiv sind. Also wenn die Anfangsbelastungen noch sehr hoch sind, dann müssen einfach sehr feste Regelungen geschaffen werden, um den Belastungen standzuhalten. Es kann da eigentlich dann gar nicht lockerer zugehen. Bei den Gruppen, die mittlerweile einen Sechsstunden-Tag geschafft haben, geht es schon viel lockerer zu, so daß da mehr Lebensatmosphäre und weniger Arbeitsatmosphäre herrscht. Es gibt eine kritische Phase, in der man sich zusammenraufen muß und in der Zeit zerbrechen auch die meisten Gruppen, aber wenn man da durch ist, dann hat man es auch geschafft.

I.: Würdest du den finanziellen Zustand dieser Gruppen als marginal bezeichnen?

Rüdiger: Das ist eine schwere Frage, was ist Wohlstand und was nicht? Wenn ich Kleidung habe, ein Dach habe und essen kann, ist das Wohlstand oder nicht. Das Interesse der Gruppen ist eher darauf ausgerichtet, das zu haben, was man zum Leben braucht, also Kleidung, die lange hält. Der Gebrauchswert der Gegenstände steht im Vordergrund und dadurch werden die Ausgaben auch nicht so hoch, dadurch können diese Gruppen für weniger Geld den gleichen Wohlstand haben wie andere.

Berufstätigkeit

I.: Welche Phasen hat diese Wohngemeinschaft hier durchlaufen?

Rüdiger: Wir wurden von anfänglich fünf Studenten zu vier Berufstätigen und einem Student. Nach dieser Veränderung fiel plötzlich das nächtelange Diskutieren weg, weil wir morgens um sechs oder sieben rausmußten, dadurch kam eine ganz andere Zeitplanung auf. Die Leute waren nicht mehr zum Mittagessen da, es wurde dann teilweise abends warm gegessen.

Die gemeinsamen Abende fielen auch eher kurz aus, von acht bis zehn, d.h. die Zeit, in der wir was gemeinsam gemacht haben, ist wesentlich kürzer geworden. Dies machte dann eben auch notwendig, daß wir sowas wie einen gemeinsamen Abend schufen, um miteinander reden zu können. Durch die berufliche Belastung war es auch so, daß wir wenig gemeinsam unternommen haben. Früher war es oft so, daß wir nachmittags einfach gemeinsam spazieren fuhren.

I.: Wurdet ihr als Gruppe durch die Berufstätigkeit inhomogener?

Rüdiger: Ja, in jedem Fall. Wir hatten vorher eine ähnliche Zeit zur Verfügung und ähnliche Probleme mit der Uni und auch unser politisches Bewußtsein war recht ähnlich gelagert. Als dann welche in Arbeitsbereiche gingen, gingen sie in Bereiche, die wir nicht teilen konnten und wenn wir abends zusammenkamen, konnten wir diese Bereiche nur sehr schwer koordinieren. Also inhomogen wurden wir insoweit, daß die gemeinsame Erfahrungsebene nicht mehr so breit war.

Wir hatten sicherlich nicht nur weniger Zeit zur Verfügung, sondern auch weniger Energie, weil der Beruf am Anfang sehr schlauchend war. Im ersten halben Jahr lief dann außer der Organisation, Reinigung, Einkaufen usw. gar nichts an persönlichen Gesprächen. Die Gesprächsebene kam dann erst wieder, als wir immer unbefriedigter wurden und sagten, Mensch, warum leben wir eigentlich zusammen, wir machen hier fast eine Flurgemeinschaft. Ja und dann nach diesem halben Jahr, die Wohngemeinschaft bestand dann seit zwei Jahren, würde ich sagen, hatten wir unsere Blütezeit. Wir konnten uns da sehr gut austauschen, haben sogar die einzelnen Eltern der einzelnen Leute mal besucht, um die kennenzulernen.

Die Kerstin ist dann ausgezogen, weil sie anderswo eine Stelle bekommen hat. Sie will zwar da auch wieder in eine Wohngemeinschaft, aber ich habe immer die Befürchtung, wenn sich das Leben in einer Zweierbeziehung wie bei ihr jetzt erst mal stabilisiert hat, daß dann der Schritt in eine Wohngemeinschaft zu groß ist. Die Erfahrung, mal mit mehreren zusammengelebt zu haben, wird ihnen aber sicher auch in der Zweierbeziehung dienlich sein. Ob das aber nun so eine starke Erfahrung war, daß sie sagen, das ist für mich die ideale Form, weiterzuleben, das bezweifle ich.

Außenbeziehungen

I.: Wie ist denn euer Kontakt zur Nachbarschaft?

Rüdiger: Vorurteile habe ich hier noch kein einziges Mal gespürt. Wir hatten mal einen Artikel in der Zeitung über uns, und da kamen Nachbarn an und sagten, ach mein Sohn lebt ja auch in so einer Kommune und fanden das dann ganz toll, wenn sie sich unsere Wohngemeinschaft mal von innen ansehen konnten. Wir hatten auch ganz zu Anfang hier im Haus eine wunderbare Hausgemeinschaft. Über uns lebte ein Ehepaar mit vier Kindern und darüber noch eine Wohngemeinschaft mit vier Leuten, wir haben zusammen den Garten benutzt und auch sonst sehr viel zusammen gemacht. Das Ehepaar hat sich dann getrennt, der Mann ist ausgezogen, die Frau ist mit den Kindern total überlastet, und seitdem gibt es zwischen uns irgendwie so einen kalten Krieg, von dem keiner mehr genau weiß, wie das anfing.

Sie macht uns irgendwo für ihre eigene Situation verantwortlich, wir kamen nämlich mit ihrem Ehemann sehr gut zurecht. Die Wohngemeinschaft ganz oben war mehr mit der Frau zusammen gewesen, und mit denen haben wir jetzt auch weniger Kontakt als vorher. Das finde ich sehr schade. Früher war das wirklich so, daß wenn einer nachts Musik anmachte, dann kamen die anderen im Schlafanzug und fragten, ist hier was los, habt ihr noch ein Bier und blieben dann ein paar Stunden hier sitzen.

I.: Eure Hauptkontaktpersonen waren aber wohl eher Leute aus anderen Wohngemeinschaften?

Rüdiger: Ja. Das liegt an der Verbindung durch das Martinswerk, das jetzt 55 Häuser hat. Das kommt auch durch regelmäßige Seminare, auf denen man sich dann wiedertrifft, und dadurch kennt man sich untereinander ganz gut. Ja, und bekanntlich sind ja Wohngemeinschafts-Feten recht groß mit über 100 Leuten, und da lernst du immer wieder neue Leute kennen und wirst zum Tee eingeladen.

Beispiel 5:

Das letzte Interview soll einige Informationen über eine Gruppe liefern, die zusammenwohnt und zusammen arbeitet. Das geschieht auf dem Stolzenhof, einem Bauernhof in Jagsthausen.

Rainer, Karin, Fiona, Jeff, Julia und Barbara haben sich 1975 in Heidelberg gefunden, weil sie alle reif waren, der Stadt den Rücken zu kehren. Sie wollten versuchen, das zu leben, worüber sie bis dahin nur sprachen: Weniger entfremdet von sich selbst und der Natur zu leben, einen eigenen, gesunden Arbeitsrhythmus zu finden und in einem Gebiet zu arbeiten (dem der Selbsterfahrung), das der eigenen Überzeugung entsprach. Manfred stieß ein Jahr später zur Gruppe. Er wartete auf einen Studienplatz. In der Zwischenzeit hat er das Warten zu einer aktiven Begegnung mit sich selbst verwandelt.

Vor ihrem Engagement auf dem Stolzenhof haben die meisten von ihnen in der Free Clinic Heidelberg mitgearbeitet. Jeff und Julia sind verheiratet, Karin und Rainer ebenfalls, sie sind die Eltern von Fiona, Barbara und Manfred sehen sich als Paar.

Zu dem Programm, das sie mit anderen Gruppenleitern zusammen auf dem Stolzenhof anbieten, gehören z. B. Aikido, Makrobiotische Kochkunst, Gestalttherapie, Selbsterfahrung, Encounter und Enlightenment. 40 % der Honorare für diese Gruppenübungen gehen in eine Kasse, aus der Miete, Strom, Heizung, Renovierungskosten, Umbau und Ausbau des Stolzenhofes betrieben werden. Der Einzelne verdient nur dann, wenn er eine Gruppe leitet oder begleitet. Die Mitglieder sehen in der Stolzenhofsituation durchaus eine Konfrontation ihrer Ideale mit der Realität. Sie fühlen sich mitgeprägt von der Gesellschaft und sehen sich als Spiegel dieser Prägung, die in der Situation des Stolzenhofes besonders deutlich wird. Auch für sie ist es ein ständiger Prozeß, das Innere durch das Äußere scheinen und siegen zu lassen.

I.: Wir lange lebt ihr schon hier?

Barbara: Die Kerngruppe besteht seit drei Jahren, jetzt gibt es allerdings eine Wandlung, zwei Paare gehen weg und kaufen sich was und wollen auf der Besitzbasis ein Zentrum eröffnen.

I.: Wie kam es, daß ihr den Sprung geschafft habt in ein alternatives Leben?

Barbara: Da müßten wir zuerst mal definieren, was du mit »alternativ« meinst. Für mich sind unter Umständen schon Leute alternativ, die braunen Zucker verwenden, braunen Reis. Da hat dann schon meist ein Denkprozeß stattgefunden. Aber zu deiner Frage: Jeder von uns hat schon als Individuum ein sehr starkes soziales Engagement entwickelt aus einem persönlich empfundenen Leiden an den Widersprüchen heraus.

Von verschiedenen Gruppen sind uns ja Vorwürfe gemacht worden, wir hätten uns auf eine Insel zurückgezogen und wären nicht politisch genug. Dann kann ich nur sagen, daß ich glücklich bin, wenn ich nur einem einzigen geholfen habe, sich selbst zu sein.

I.: Hat bei euch auch ein Gruppenprozeß stattgefunden?

Barbara: Ja, zuerst wollten wir alle zusammen leben, wir drei Paare, wir sind alle ins Gutshaus gezogen und haben den halben Tag gearbeitet, was jeder so machen wollte, Garten, Küche usw. mit sehr viel Freude. Zwei von uns haben vorher schon mit anderen zusammen gelebt, die wollten dann mehr für sich bleiben. Wir hatten alle unsere eindeutige, idealistische Vorstellung vom alternativen Leben, die hatten wir aber nicht gemeinsam.

Jeder hatte andere Vorstellungen im Kopf. Wir wurden dann durch die materielle Not in die Realität zurückgerufen, der Realitätsdruck entstand durch den Zwang, Miete zahlen zu müssen, Kaution, von allen Seiten kamen die Anforderungen. Nach zwei Monaten hatten wir die ersten Gruppen hier, es war alles noch sehr primitiv organisiert, kaum Waschgelegenheiten, wenig Öfen. Man mußte sich schon anstrengen, um unter diesen Voraussetzungen Leute aufs Land zu ziehen.

I.: Wer ist denn noch da von der Kerngruppe?

Barbara: Alle drei Paare, aber jetzt geht eines weg und eins richtet eine Dependance in Italien ein, aus den Teilnehmern hier an Gruppen erwächst der Nachwuchs. Eine Theologin wird z.B. jetzt hier arbeiten, statt das Vikariat zu machen. Darin sehe ich auch das Alternative, auf die Sicherheit zu verzichten, auf die festen DM 1000 im Monat.

I.: Wovon seid ihr abhängig?

Barbara: Ja, wovon sind wir abhängig..., von Strom und Wasser sicher, aber das haben wir schon sehr reduziert, Duschen im Haupthaus lassen sich nicht installieren, darauf ist so ein Haus aus dem 15. Jahrhundert einfach nicht eingerichtet. Man könnte auch ganz verzichten auf Strom, zwei von uns werden das auch tun, die nach Italien gehen.

I.: Welche Entwicklung hat bei euch stattgefunden?

Barbara: Die drei Paare entwickelten sich in drei verschiedene Richtungen, eins in die materielle, eins in die noch stärkere alternative Richtung, ich selbst und mein Partner möchten mit Menschen arbeiten.

Im Anfang war es eine Existenznot, die uns zusammengeführt hat. Wir haben den Sprung gewagt ins Risiko, dann kamen erst die individuellen Entwicklungen, die uns weiter auseinanderführten. Jetzt gehen die technische (Rainer + Karin) und die materielle (Jeff + Julia) Komponente weg, was ist das, was hier bleibt? Eine Übungsgemeinschaft. Ich werde hier immer Methoden anbieten, sich zu vervollkommnen, fähig zu werden, den nächsten Schritt zu tun. Diesen Schritt kann man meiner Meinung nur durch Exerzitien erreichen, in denen man sich selbst stärkt, die

Gegebenheiten einzubeziehen. Die Natur hier ist z. B. wirklich erfahrbar. Im Winter haben wir sehr viel Dreck hier, da mußt du arbeiten. Um das zu bewältigen, die Kälte, da mußt du was dagegen tun, Öfen anmachen usw. Das sind ganz elementare Probleme und Erfahrungen.

I.: Was für Leute sind das, die zu euch kommen?

Barbara: Durch unser Programm werden bestimmte Leute gar nicht angesprochen, dadurch ist der Kreis schon eingeschränkt. Leute kommen durch Leute, die schon hier waren.

I.: Ist das für diese Personen nicht nur ein erlaubtes Ausflippen für ein paar Tage?

Barbara: Ich muß deutlich unterscheiden zwischen den Leuten, die hier leben, und denen, die hierher kommen. Die Leute kommen hierher wegen des Gruppenangebotes. Einige entdecken hier – vielleicht nur für einen Moment – die Natur, dagegen schließt sich kaum jemand ab. Und dann das Essen, unser Essen hier ist sehr interessant. Viele stellen, nachdem sie hier waren, ihre Küche um auf makrobiotische Kost.

I.: Ich wüßte gern, wie du selbst dich verändert hast, seitdem du hier bist?

Barbara: Ich hatte mehr Illusionen, bevor ich hierher kam. Ich war unbefriedigt durch die sozialen Kontakte, das bekomme ich jetzt durch die Natur, Qualitäten, die man von Menschen nicht erwarten kann. Wenn ich den Baum betrachte, der gibt mir Ruhe und der will nichts von mir. Ich habe mich in der Stadt zerstückelt gefühlt, dauernd die Angebote, die Anforderungen. Jetzt kann ich gut in die Stadt gehen und die Gelassenheit von hier mitnehmen. Du kannst hier musischer leben, kreativer.

I.: Ist das hier nun ein Projekt für ein paar Jahre oder mehr?

Barbara: Für mich ist das ganz sicher kein Projekt für ein paar Jahre, sondern etwas Absolutes. Ich geh schon gern mal nach München, aber mehr, wie man ins Museum geht.

I.: Ist das Projekt nun eigentlich geglückt oder nicht, ich meine, ihr trennt euch schließlich?

Barbara: In meinen Augen ist es durchaus geglückt, wenn es auch in den Augen einiger anderer mißglückt ist, mit solchen Beanstandungen wie, daß wir kein gemeinsames Wohnzimmer haben, nicht mehr Gemeinsamkeiten in unserem Leben. Wir wohnen ja getrennt, jeweils ein Paar zusammen, aber zusammen auf dem Hof. Und wir sind einfach zu verschieden, als daß da eine Lebensgemeinschaft wirklich möglich wäre. Rotbuche, Eiche und Birke können eben im selben Boden nicht gedeihen, sie brauchen verschiedene Lebensbedingungen. Das war aber ein organischer Prozeß, das herauszufinden. Die Trennung ist ein Klärungsprozeß, in Bezug auf den ich ganz gelassen bin, was geschehen ist, war sehr wichtig. Es findet keine Frustration statt.

I.: Was für Störungen hier gibt es, die dich belasten und nerven?

Barbara: Die Schweine. Der Baron (dem der Hof gehört) hat hier eine Schweineumladestation errichtet. Wie gehe ich damit um? Ich muß den Stall auch noch anmieten, damit er das hier nicht mehr tun kann. Das habe ich vom Aikido gelernt, mich für eine Störung zu bedanken und damit umzugehen.

11. Bewertung der Ergebnisse

Fünf Beispiele von mindestens 30000 Wohnkollektiven: Was können sie vermitteln, wie repräsentativ sind sie für das, was in den 29995 anderen vor sich geht? Im statistischen Sinne repräsentative Daten wird man zu kollektiven Lebensformen wohl kaum erhalten können. Wie sollte man die dafür notwendige Anzahl von Kollektiven ermitteln und feststellen? Bleibt die Typik, das eigenständige und doch charakteristische Erscheinungsbild eines Kollektivs, das mit geringen Abweichungen für viele andere steht. Typisch scheinen mir nun diese fünf Beispiele in der Tat zu sein. Dennoch möchte ich ihre Aussagen und Informationen nicht so stehen lassen, wie sie sich aus dem Fluß des Gespräches ergeben haben, sondern sie bündeln und um einige zusätzliche Informationen aus anderen Kollektiven ergänzen.

Wenn man die Informationen der Kollektive selbst betrachtet und auch die Art und Weise, wie diese Informationen von anderen Wissenschaftlern verarbeitet worden sind, so fällt auf, daß sie meistens um acht Fragestellungen herum gruppiert sind. Diese Fragestellungen möchte ich zum Gliederungsprinzip der folgenden Betrachtungen werden lassen. Sie lauten:

1. *Aus welchen Motiven heraus gründet man ein Wohnkollektiv oder tritt man in ein Wohnkollektiv ein?*
2. *Aus welchen Elternhäusern kommen die Mitglieder von Wohnkollektiven?*
3. *Wie wählen sich die Kollektivmitglieder gegenseitig aus?*
4. *Wie sind die Besitzverhältnisse in Wohnkollektiven geregelt?*
5. *Welche Form der Arbeitsorganisation wählt man?*
6. *Ist die Kommunikation in Wohnkollektiven in irgendeiner Form besonders oder anders?*
7. *Wie ist die Kindererziehung in Wohnkollektiven geregelt?*
8. *Was macht man mit der Sexualität in Wohnkollektiven?*

Motivationen zum kollektiven Leben

Über die grundsätzlichen Motive, die eine Entscheidung zum kollektiven Leben bestimmen, ist bereits in der ersten Hälfte dieses Bandes berichtet worden. Diese grundsätzlichen Motive sind jetzt mit konkreten Inhalten gefüllt worden, die zeigen, daß selten die Motive der einzelnen Mitglieder identisch sind.

Zentral und bei allen Gruppen immer wieder auftauchend ist jedoch der Wunsch, aus der individuellen Isolation herauszutreten, nicht allein zu leben, sondern Gruppenleben zu erfahren.

Wenn auch an dieses Gruppenleben häufig überzogene Erwartungen gestellt werden, die nur enttäuscht werden können, so zeigt sich vor allem dann, wenn die Mitglieder bereits über Kollektiverfahrung verfügen, daß die Erwartungen auf ein realistisches Maß zurückgeschraubt werden. Die Motivation von Abu (Beispiel 3), der von einem Minimalprogramm spricht, mit dem er an die Gruppe herangegangen ist, da man Gemeinschaft nicht verordnen kann, beginnt sich bei den meisten Kollektiven durchzusetzen.

Vor allem bei älteren Kollektivmitgliedern basiert der Wunsch nach Aufhebung von Isolation auch auf einer ganz konkreten Erfahrung, die sie in einer vorausgegangenen Zweierbeziehung durchlebt haben. Die Zweierbeziehung wurde als Einengung empfunden und das Kollektiv als Möglichkeit der Erweiterung der Erfahrungen und Kontakte gesehen. Der Übergang von einer gescheiterten Zweierbeziehung ins Kollektiv fällt auch leichter als in ein Einzeldasein, in dem man mit den unverdauten Konflikten alleingelassen wird und auf sie zurückgeworfen wird. Das Kollektiv ist weicher, wie Ingrid (Beispiel 2) es beschreibt und damit sehr gut kennzeichnet, daß man nicht in die Einsamkeit abstürzt, sondern der Weg zurück zu sich selbst abgefedert wird durch ein Netz sozialer Beziehungen in der Gruppe. Wie aber auch das Beispiel von Jürgen und Helga zeigt (Beispiel 2), kann das Kollektiv keine therapeutische Wirkung entfalten, wenn die Konflikte der Zweierbeziehung zu massiv sind.

Dies ist vor allem dann nicht der Fall, wenn das Therapiebedürfnis zu Anfang noch verschleiert wird und sich erst allmählich im gruppendynamischen Prozeß herausschält. Selbst deklarierte Therapiekollektive, die mit der Funktion der Therapie psychisch gestörter oder sozial geschädigter Personen antreten, wissen von den übergroßen Schwierigkeiten, diesen Prozeß einigermaßen erfolgreich abzuschließen. Dort wird aber das Bedürfnis nach Therapie offengelegt und erhöht damit die Bearbeitungschancen. Weitaus schwieriger ist es verständlicherweise, wenn dieses Bedürfnis unterschwellig immer mitklingt, das Handeln mitbestimmt, jedoch nicht als offener Wunsch, auf den man sich einstellen kann, erklärt wird. Im Falle von Helga und Jürgen (Beispiel 2) kreuzte sich diese

Motivation noch mit der Problematik einer Dreierbeziehung und den auch dort vorhandenen Persönlichkeitsproblemen.

Die Motivationen, die in dieser Gruppe aufeinanderprallten, schufen ein so ungünstiges Ausgangsmilieu letztlich, daß es nicht verwundert, daß sich das Kollektiv zwei Monate nach dem Zeitpunkt des Interviews auflöste. Therapie hat mittlerweile einen gewaltigen Klang bekommen, der insofern negative Schwingungen hat, weil seine Nähe zum Wort Krankheit zu groß ist. Als alternative Formulierung könnte für diesen Vorgang auch der Begriff Persönlichkeitslernen herangezogen werden. Dieser deckt auch eine weitere wesentliche Motivation zum kollektiven Leben ab.

Die Mitglieder wie Erika (Beispiel 1) wollen etwas über ihre Persönlichkeit lernen, wollen etwas über ihre Verhaltensweisen im Gruppenleben erfahren. Und selbst wenn es die Erkenntnis ist, daß für einen selbst das Gruppenleben ungeeignet ist, wie es Helga einsieht. Mit dieser Lernerfahrung wird die Erwartung verbunden, daß man in der Gruppe vor allem Vertraulichkeit, Interesse und Annahme und Akzeptanz der eigenen Person findet. Dadurch soll der Vorgang der Selbstverwirklichung unterstützt werden, eine sinnvollere Gestaltung des eigenen Lebens möglich werden. Diese sinnvollere Gestaltung kann sich im Zusammenleben ergeben, sie kann aber auch bereits bei der Planung ausformuliert worden sein, wie das beim Stolzenhof (Beispiel 5) gegeben ist. Gemeinsame Produktion, ob nun mit einem Selbsterfahrungsangebot wie beim Stolzenhof oder aber als Musikgruppe, Theatergruppe, Verlagskollektiv oder Landkommune bilden einen weiteren Motivkomplex.

Vergleicht man diese Motivationen mit den Anfangstagen der Kollektivbewegung in der BRD, so hat sich eigentlich nur die Gewichtung und Rangfolge der einzelnen Motivationen verändert. Stand bei der legendären Kommune 2, dem besten Beispiel, wie man durch eine einzige Buchpublikation die öffentliche Diskussion auf Jahre hinaus nachhaltig prägen kann, noch die Verbindung der Befriedigung der eigenen individuellen Bedürfnisse mit dem politischen Kampf gegen die Quellen ihrer Unterdrückung im Vordergrund, so ist heute das politische Motiv eher in den Hintergrund getreten. Wichtiger dagegen sind die anderen Elemente des Motivationskataloges geworden, wie ihn einst die Kommune 2 in ihrem gleichnamigen Buch formuliert hat. Das waren, eine Alternative zum Familien- oder Einzeldasein zu sein, die Verbindung von Lust- und Leistungsprinzip zu gewährleisten, die Emanzipation des Einzelnen voranzutreiben und das Erreichen einer repressionsfreien Kindererziehung.

Ich habe einmal, weil mich die Verteilung der Motivationen auch zahlenmäßig interessierte, die Motivationen aus 216 Kollektiven ausgezählt. Dabei ergab sich folgende Rangreihe. Am Anfang stand das Bedürfnis nach verstärktem zwischenmenschlichem Kontakt durch erhöhte Kommunikation. Zweites zentrales Motiv war das nach persönlicher Weiterentwicklung und Selbstverwirklichung. An dritter Stelle wurde als Motivation ökonomische Besserstellung und eine gesellschafts- und sozialpolitische Orientierung genannt. Dann wird als nächstes Motiv, aber bereits deutlich weniger genannt, die Ausweitung des Rollen- und Verhaltensrepertoires erwähnt. Am Ende dieser Motivationsreihe stehen kooperative und repressionsfreie Kindererziehung, Ablösungs- und Entzugsgründe und als Schlußlicht die Erweiterung der Erfahrungsfelder im sexuellen Bereich.

Vorteile einer Wohngemeinschaft

1973		1976	
mehr Anregungen	20 %	Finanzielle Vorteile	18 %
billigeres Leben	36 %	man ist nicht allein	15 %
Emanzipation der Frau	14 %	gemeinsames Lösen von Problemen	11 %
Abbau auroritärer Familienstrukturen	11 %	bessere Arbeitsaufteilung	10 %
Bessere Möglichkeiten der Kindererziehung	10 %	mehr Anregungen	8 %
Partnertausch	7 %	bessere Möglichkeiten d. Kindererziehung	5 %
Bessere Kontrolle d. Verhaltens der Mitglied.	7 %	mehr Freizeit	5 %
Sonstiges	6 %	Abbau autoritärer Familienstrukturen	4 %
keine Vorteile	35 %	Emanzipation der Frau	4 %
		Partnertausch	3 %
		Bessere Kontrolle des Verhaltens der Mitglieder	3 %
		keine Vorteile	65 %
(Gesamtzahl d. Befragten 1997)		(Gesamtzahl der Befragten 1819)	

Erstaunlicherweise ergibt sich fast eine identische Rangreihe von möglichen Motiven, wenn man Bevölkerung über eine Repräsentativerhebung befragt. Ich habe das im Abstand von drei Jahren zweimal, 1973 und 1976, von dem MARPLAN-Institut/Offenbach durchführen lassen. Auffällig ist, daß im Jahre 1973 nur 35 % überhaupt keine Vorteile im kollektiven Leben gesehen haben, 1976 dagegen 65 % keine Vorteile zu nennen wußten. Zwei Momente dürften für diese negative Entwicklung den Kollektiven gegenüber im öffentlichen Meinungsbild verantwortlich sein. Zum einen die anhaltend negative Presse, die kollektive Lebensformen in den öffentlichen Medien erfahren haben, man denke nur an die Berichterstattung über die Manson- und die AA-Kommune, zum zweiten die Tatsache, daß die aus Informationsmangel am Beginn der Kollektivbewegung vorhandene Euphorie in eine nüchterne Beurteilung der Vor- und Nachteile umgeschlagen ist.

Die Befragung von 1973 ist auch in einzelnen demografischen Untergruppen analysiert worden. Darin wird erkennbar, daß die 14-24jährigen in allen Punkten den Kollektiven positiver gegenüberstehen und von ihnen mehr erwarten als die älteren Jahrgänge. Die Ausnahme bilden drei Motivationsgründe, deren Verteilung ich in der folgenden Tabelle aufgeschlüsselt habe.

Vorteil von Wohngemeinschaften

Altersgruppen	*14-24*	*25-34*	*35-44*	*45-65*	*66 J. u. älter*
Bessere Möglichkeit der Kindererziehung	15 %	15 %	9 %	9 %	3 %
Emanzipation der Frau	20 %	20 %	14 %	10 %	6 %
Partnertausch	8 %	6 %	8 %	8 %	4 %

Über die Einstellung den Wohnkollektiven gegenüber kann man eine Gruppe von Personen zusammenstellen, die den Wohnkollektiven am *aufgeschlossensten* gegenübersteht. Das sind eher: 14-34 Jahre alt, mit höherem Einkommen, konfessionslos, ledig und geschieden, mit mittlerer Reife, Abitur und Hochschule aus der mittleren Mittelschicht aus Orten über 100 000 Einwohnern.

Zwar haben die ledigen und die geschiedenen Personen die stärksten Motivationen, in ein Kollektiv zu gehen. Aber auch verheiratete und verwitwete Personen sehen im kollektiven Leben und Wohnen Vorteile, was dazu führt, daß immerhin 3,4 % der Verheirateten und 1 % der Verwitweten in eine Wohngemeinschaft ziehen würden, wenn sie die Möglichkeit dazu hätten.

Herkunft der Mitglieder in Wohnkollektiven

Am Anfang der Kollektivbewegung stammten die meisten Kommunarden aus Elternhäusern, die zur Oberschicht oder zur gehobenen Mittelschicht gehörten.

Mittlerweile hat sich das Bild gewandelt. Nach wie vor stellen Kinder aus Mittelschichtsfamilien den Hauptanteil unter den Kollektivmitgliedern. Aber der Anteil der Kinder aus Arbeiterhaushalten und Bauernfamilien nimmt ständig zu. Das liegt sicher zu einem Teil an der Zusammensetzung der Studentenschaft, die sich direkt auf die Verteilung in den Wohnkollektiven niederschlägt, da immer noch zwei Drittel der Kollektivmitglieder Studenten sind. Die Kinder aus Arbeiterfamilien sind zumeist finanziell weniger gut ausgestattet als Mittelschichtskinder, die Kinder aus Bauernfamilien weit von ihren Elternhäusern entfernt, denn Universitäten liegen nun mal nicht in Dörfern. Dieser finanzielle Gesichtspunkt ist zusätzlicher Anreiz, der den Anteil dieser Bevölkerungsschichten an Wohnkollektiven erhöht.

Die Zusammensetzung eines Wohnkollektivs kann dadurch so interessante Konstellationen annehmen wie im dritten Beispiel, wo Rechtsanwalt, Universitätsassistent, Elektriker und Student das erfolgreichste Beispiel des Zusammenlebens demonstrieren. Es muß natürlich auch gesagt werden, daß das Beispiel von Abu, Hanneke und den anderen Mitgliedern eine Ausnahme darstellt. Insgesamt ist es für die Entwicklung der Gruppe günstiger, wenn auch der lebensgeschichtliche Hintergrund der Mitglieder ähnlich ist.

Welche zusätzlichen Schwierigkeiten durch einen stark heterogenen Hintergrund in die Gruppe mit eingebracht werden können, wird an der Bemerkung von Ingrid (Beispiel 2) deutlich. Sie führt einen Teil der Probleme ja auf die unterschiedlichen Verarbeitungsweisen von Alltag auf die sehr unterschiedliche Herkunft der Mitglieder zurück. Theoretisch könnte eine Gruppe dadurch auch eine Bereicherung der Sichtweisen erfahren, normalerweise sind die Schwierigkeiten des Gruppenprozesses aber auch bei einem ähnlichen lebensgeschichtlichen Hintergrund schon groß genug.

Für die Zukunft ist eine weitere Aufgliederung der Herkunft und Zusammensetzung der Mitgliederschaften von Wohnkollektiven zu erwarten. Die Studenten der ersten Kollektivbewohnergenerationen haben ausstudiert, sie stehen jetzt im Berufsleben. Andere, Nicht-studierte sehen verstärkt eine Möglichkeit zur Veränderung ihrer Lebensformen im kollektiven Leben. Durch diese beiden Entwicklungslinien wird es immer mehr Gruppen geben, die eine Zusammensetzung aufweisen, wie sie bei der Gruppe vorhanden ist, in die Rüdiger demnächst gehen wird.

Auswahl der Wohnkollektivmitglieder

Der Topf, aus dem die Kollektivmitglieder gezogen werden, hat ein größeres Volumen bekommen. Ende der 60er Jahre schlossen sich Kollektive aus den politischen Zirkeln und Gruppen zusammen. Da sich der Kreis der Personen, die sich für alternative Lebensformen interessieren, ständig vergrößert hat, sind die Berührungsflächen und Ansprechpunkte auch größere geworden. Nach wie vor kommt es zu Initialgründungen, Neugründungen von Kollektiven durch befreundete Personen, unabhängig ob es nun Schüler, Studenten oder Familienväter sind. Sie haben zwar verstärkt Raumprobleme zu lösen, da die dafür notwendigen großen Wohnungen mit einer sinnvollen Raumaufteilung nicht in ausreichendem Maße vorhanden sind. Dieses Problem wird aber durchaus nicht selten durch einen gemeinsam finanzierten Hauskauf gelöst.

Fast wichtiger als die Neugründungen sind jedoch die Ergänzungsprozesse. Kollektive werden nicht für die Ewigkeit geschlossen. In überschaubaren Zeiträumen wechseln aus den verschiedensten Gründen Mitglieder die Kollektive. Die Auswahl neuer Mitglieder stellt die Gruppen nun vor ein nicht unerhebliches Problem. Im Laufe der Zeit hat sich ein Gruppenleben ausgebildet, in das das neue Mitglied hineinpassen muß. Sowohl das neue wie die alten Mitglieder müssen aber auch in gewisser Weise zur Veränderung und Anpassung fähig sein. Das neue Mitglied will sich natürlich nicht völlig den Gruppennormen unterwerfen, die alten Mitglieder wollen ihre eingespielte Routine nicht völlig umstülpen. Die Fähigkeit, diesen Prozeß sorgfältig zu handhaben, testen beide Parteien bei ihren gegenseitigen Gesprächen aus.

Wie kommt es nun zu diesen Gesprächen? Der eine Weg führt über Annoncen in der Alternativpresse. Jede Universitätsstadt hat mittlerweile eins oder mehrere Informationsmagazine, die als Montagsnotizen, Oxmox, Stadtrevue, Überblick, Szene, Pflasterstrand, Zitty oder Knipperdolling Informationen verteilen, die über Entwicklungen im Alternativbereich berichten. Zu der Konzeption dieser Zeitungen gehört auch ein Annonceteil, in dem meistens kostenlos Kontakte vermittelt werden. Diese Vermittlungen beziehen sich natürlich auch auf freistehende Zimmer in Wohngemeinschaften.

Ein zweites wesentliches Kontaktmedium sind die Anschlagstellen und schwarzen Bretter in Universitäten. Auch aus ihnen kann entnommen werden, wo und ob ein Platz in einer Wohngemeinschaft zur Verfügung steht.

Die dritte Form sind die Kooperativen, die die Wohngemeinschaften in einzelnen Städten gebildet haben. Dazu gehören das *Martinswerk* in Braunschweig oder die *Vereine Humanes Wohnen* in Köln und Hamburg. Die Vereine betreiben Teestuben und organisieren Arbeitsgruppen und Kontaktabende, an denen sich Wohngemeinschaftsmitglieder und Interessenten kennenlernen können.

Doch nicht nur in den einzelnen Städten, sondern auch überregional werden Tagungen organisiert, die sich mit alternativen Entwicklungsmöglichkeiten und Lebensformen beschäftigen. So werden in der evangelischen Akademie *Loccum* in unregelmäßigen Abständen Tagungen durchgeführt, die alternative Wohnmöglichkeiten der Zukunft zum Gegenstand haben. Die Arbeitsgemeinschaft katholischer Hochschulgruppen führt in vierteljährlichen Abständen Tagungen durch, die sich mit speziellen Fragen des kollektiven Lebens befassen. An Volkshochschulen, Universitäten und anderen Bildungsstätten werden immer wieder Veranstaltungen durchgeführt, die das Thema des Lebens in der Wohngemeinschaft problematisieren und diskutieren. Die Art, wie Elke in die Gruppe mit Erika gekommen ist (Beispiel 3), ist deshalb durchaus nicht untypisch für die Auswahl von Kollektivmitgliedern.

Jedoch selbst wenn ein Kollektivmitglied einen Interessenten persönlich kennt, ist noch nicht sichergestellt, daß kurzerhand der Einzug vorgenommen werden kann. In fast allen Fällen muß eine Gruppenabstimmung getroffen werden, ob das potentielle neue Mitglied den alten Mitgliedern genehm ist. Die Zeiten der späten 60er Jahre sind endgültig vorbei, in denen sich neue Kollektivmitglieder einfach einquartieren. Unter den Kollektiven, die älter sind, erfolgt immer noch ein leichtes Aufhorchen, wenn der Name Horla fällt. Diese Gruppe reiste mit Vorliebe von einem Kollektiv ins andere und quartierte sich dort für drei bis vier Monate ein, solange bis es den eigentlichen Kollektivmitgliedern zu viel wurde. Kollektive sind nach wie vor gastlich, achten aber auch gewitzt aus Erfahrungen darauf, daß sie nicht benutzt werden und zu einem Tummelplatz von Parasiten werden.

Die persönliche Bekanntschaft, durch die auch ein zwangloses Probeleben mit der Gruppe erleichtert wird, verhindert in jedem Fall die für alle Beteiligten unangenehme Situation des Vorstellungsgespräches. Die Diskussion von Erika und Inge (Beispiel 1) macht die gegenseitigen Empfindungen, die ein solches Gespräch auslösen kann, sehr schön deutlich.

Die Auswahl der Mitglieder ist nicht unerheblich für den Erfolg im Zusammenleben des Kollektivs, da zahlreiche Kollektive auseinandergegangen sind und gehen, weil sich Mitglieder zusammengefunden hatten, die von ihrer Persönlichkeitsstruktur, ihrem Erleben und Empfinden nicht so viel gemeinsam hatten, um für einen längeren Zeitraum zusammenbleiben zu können.

Regelung der Besitzverhältnisse in Wohnkollektiven

Die Kollektive der 60er Jahre waren davon geprägt, auch die Auflösung überkommener Besitzverhältnisse zu ermöglichen. Es wurden Beteiligungsformen bei der Bezahlung der Miete, der Nahrung, von Gebrauchsgütern bis hin zu Kleidungsgegenständen erprobt.

Die Regelungen waren dabei sehr verschiedenartig. In einigen Gruppen wurde sämtliches Gehalt, das in irgendeiner Form in die Wohngemeinschaft hineinfloß, auf alle Mitglieder verteilt und diente so zur Bestreitung des Lebensunterhaltes.

In anderen Gruppen wird es so gemacht, daß derjenige mit den größten finanziellen Möglichkeiten andere mit geringeren Möglichkeiten unterstützt. Eine dritte Möglichkeit, die vor allem von den befragten Gruppen eingeführt und gehandhabt wurde, ist die Aufschlüsselung der finanziellen Belastung nach bestimmten Kriterien. Die Miete kann dabei nach der Größe des Zimmers umgelegt werden, sie kann anteilig zu dem Einkommen der Mitglieder bestritten werden oder es wird ein einheitlicher Satz von jedem Mitglied bezahlt. Viele Kollektive gehen davon aus, daß die einzelnen Individualräume ohnehin jeweils Vor- und Nachteile haben und von daher eine gerechte Verteilung der Mietbelastung ohnehin nicht möglich ist. Zur Aufschlüsselung der Kosten wird deshalb ein Gruppengespräch geführt, indem die subjektiven Bedürfnisse den Räumlichkeiten gegenüber abgeklärt werden und wenn nötig ein gemeinsam akzeptierter Preis für das Zimmer abgestimmt wird.

Bei den Nahrungsmitteln werden in der überwiegenden Mehrzahl der Kollektive die Grundnahrungsmittel aus einer gemeinsamen Kasse bestritten, in die gleiche wöchentliche Anteile eingezahlt werden. Die Grundnahrungsmittel dienen meistens dazu, aus ihnen das Frühstück und eine warme Mahlzeit pro Tag zubereiten zu können. Finanzielle Fragen sind in den Kollektiven unerheblicher als von der Bevölkerung vermutet wird.

Befragt, was sie als Nachteile des Lebens in einer Wohngemeinschaft sehen, nannten immerhin 30 % der Befragten den fehlenden Besitz eigener Sachen und 17 % vermuteten finanzielle Aufteilungs- und Verrechnungsprobleme. Eigentums- und Besitzregelungen werden in den Kollektiven eigentlich erst dann problematisch, wenn grundlegende anderweitige Störungen in der Kommunikation und den gegenseitigen Einstellungen vorliegen.

Zu beobachten ist auch, daß Gruppen mit extrem auseinanderfallenden Einkommen eher eine Tendenz zur Sozialisierung des gesamten Geldes haben als Gruppen, in denen die Einkommensunterschiede nur relativ gering sind.

In jedem Fall verändert sich in den Wohnkollektiven die Einstellung dem Geld gegenüber. Tendenziell wird der Verzicht auf eigenes Geld erleichtert, da den Kollektivmitgliedern klar wird, daß sie mit einem höheren finanziellen Spielraum nicht unbedingt größere persönliche Freiheit erwerben, sondern eher eine verstärkte Konsumorientierung und -abhängigkeit. Die Reduzierung des Konsums bei städtischen Kollektiven nähert sich damit sehr stark den Bemühungen der Land- und Produktionskommunen, ökonomisch unabhängig und autark zu werden.

Arbeitsorganisation in Wohnkollektiven

In den 60er Jahren traten die Kollektive auch mit der Forderung nach der Aufhebung überkommener Rollenklischees an. Männer und Frauenarbeit sollte nicht mehr einen unterschiedlichen Stellenwert haben, sondern von Gleichen gleich ausgeführt werden. Da man auf das gemeinsame Bewußtsein dieser Frage gegenüber vertraute, überließ man die auszuführenden Arbeiten der Spontanität der einzelnen Mitglieder. In der Regel konzentrierte sich die Spontanität der Mitglieder jedoch auf Bereiche, die sie für wesentlich hielten, so daß nach einer eher anarchistischen Phase der Arbeitsorganisation rotierende Arbeitspläne aufgestellt wurden.

Dieser Prozeß von Regelung der Arbeit zur Freiwilligkeit oder umgekehrt, wird auch heute von den Kollektiven noch selbst durchexerziert, wie an dem Beispiel von Rüdiger zu sehen ist (Beispiel 4).

Die Arbeit wird entweder wöchentlich rotierend abgewickelt, so daß jedes Mitglied einmal das Bad säubert, das nächste Mal den gemeinsamen Flur oder täglich wie beim Kochen oder Einkaufen. Sie kann aber auch auf verschiedene Bereiche aufgeteilt erledigt werden, so daß ein Mitglied für einen längeren Zeitraum für den Garten z. B. zuständig ist, wie im Falle von Rüdiger.

Die Arbeitsaufteilung auf Frauen- und Männerarbeiten ist dabei weitgehend aufgehoben, zumindest in der Alltagsarbeit haben sich die geschlechtsspezifischen Rollen verwischt. Das kann sogar soweit gehen, daß Männer wie Hartmut Frauen wie Elke (Beispiel 1) zur Durchführung von traditionalerweise männlichen Reparaturarbeiten anhalten, auch wenn die Frauen vorerst aus Unsicherheit und Informationsmangel eine Scheu davor haben. In anderer Reihenfolge gilt das Gleiche für das Kochen. Daß diese Aufteilung sehr starken Routinecharakter bekommen kann und in hohem Maße selbstverständlich wird, ist daran abzulesen, daß im ersten Beispiel selbst bei heftigen internen Problemen die Arbeitsorganisation klappt.

Das gilt natürlich nicht für alle Gruppen. Erschwert wird die Regelung, wenn sehr stark unterschiedliche Bedürfnislagen aufeinanderprallen, wie im Falle von Ingrid und Helga (Beispiel 2). Unterschiedlich gelerntes Sauberkeitsverhalten ist häufig in den Kollektiven zu Anfang eine Problemzone, vor allem da sich gerade der Sauberkeitsbereich als Demonstration für die Auflehnung gegenüber überkommenen Sauberkeitsvorstellungen anbietet. In der Regel findet jedoch ein Abschleifungsprozeß der Art statt, daß die Mitglieder mit einer fast als anal-rigid zu bezeichnenden Sauberkeitsorientierung ihre Charakterpanzer lockern, diejenigen mit chaotischen Sauberkeitsgewohnheiten ihr Verhalten etwas besser in den Griff bekommen.

Daß die Sauberkeitshaltung problematisch ist, wie 24 % der Bevölkerung vermuten, ist also eine durchaus realistische Wahrnehmung und Einschätzung der Situation. Die endgültigen Formen der Arbeitsorganisation entwickeln sich somit im Sinne sozialen Lernens aufeinander zu.

Kommunikationsformen in Wohnkollektiven

Insbesonders an die Kommunikation in Wohnkollektiven sind besondere Erwartungen gestellt worden. Sie sollte intensiver, befriedigender, erfüllender sein. Andererseits werden von der befragten Bevölkerung gerade in diesem Bereich die massivsten Probleme erwartet. So nennen als Nachteil von Wohnkollektiven 59 % die »fehlende Privatsphäre« und 36 %, daß eine zu starke Rücksichtnahme notwendig ist.

Daß hier Vermutung und Realität zusammenfallen, ist nicht verwunderlich. Denn die neue Struktur der Wohnkollektive, bei der die einzelnen Mitglieder nicht auf eingeschliffene Gewohnheiten und Verhaltensmuster zurückgreifen können und es ja auch nicht wollen, erfordert, daß neue Verhaltensweisen erprobt werden. Die Schwierigkeiten, die mit dieser Erprobung verbunden sind, stellen sich am deutlichsten an dem Drahtseilakt zwischen Privatheit und Gemeinschaftsleben, Alleinsein und Zusammensein dar. Wohnkollektive stehen vor der Anforderung, Mechanismen entwickeln zu müssen, die einerseits das Alleinsein zulassen, andererseits das Aufeinanderzugehen ermöglichen.

Die Situation kann sich von vornherein so unproblematisch gestalten wie in dem dritten Beispiel, wo Kommunikation die Form und Qualität von Spiel und Schabernack gewonnen hat. Sie kann Bewußtseinsentwicklungen in Gang setzen, die zu einer Auflösung der Gruppe führen wie im Falle des Stolzenhofes. Sie kann die Form eines zermürbenden Psychotrips annehmen wie bei Jürgen, Helga, Katrin (Beispiel 2) und den anderen. Möglicherweise wirkt sie im ersten Moment wie eine Hotelsituation, denn das war es, woran ich bei den roten und grünen Türschildern in dem Kollektiv von Rüdiger (Beispiel 4) dachte.

Auf der anderen Seite wird somit symbolisch signalisiert, ob der Wunsch nach Zugang oder Abgeschlossenheit besteht, und daß Verkrampfung aufgelöst wird. Mißverständnisse werden auf diese Weise jedenfalls verhindert und der Zwang nach totaler Kommunikation, wie er zu Anfang der Kollektivbewegung bestand, auf ein erträgliches Maß zurückgeschraubt.

Inquisition ist jedenfalls bei den befragten Gruppen nicht festzustellen gewesen, sondern eher das Bemühen, in ehrlichen Gruppengesprächen Aufschluß über sich und die anderen zu bekommen, Kommunikationsschwierigkeiten zu überwinden. Daß dieses Bemühen ehrlich ist, ist auch an dem Einsatz von Hilfsmitteln zu sehen, wie sie Rüdiger (Beispiel 4) beschrieben hat. Daß dieses Bemühen auch von Erfolg gekrönt sein kann, geht aus dem gleichen Beispiel hervor, wenn man an die Verbesserung der Beziehung von Benno und Christine denkt.

Gruppengespräche haben auch einen Symbolcharakter für die Zusammengehörigkeit der Gruppe, sie sind das symbolische Zentrum. Dieses Zentrum ist notwendig, da bei zunehmender Berufstätigkeit der Mitglieder die Zeitrhythmen andere werden und dann das wirkliche Zusammenleben auf wenige Stunden reduziert werden kann. Durch das Gruppengespräch kann die gemeinsame Basis, die für ein zufriedenstellendes Zusammenleben erforderlich ist, bestätigt oder gegebenenfalls auch wieder hergestellt werden.

Das Gefühl fehlender Privatheit dürfte ohnehin eher ein Bewußtseinsproblem des einzelnen Kollektivmitglieds sein als ein reales Problem der Gruppe. Deutlich wurde das in Ansätzen bei Erika (Beispiel 1), auf deren Belastbarkeit offensichtlich in verstärktem Maße Rücksicht genommen wurde. So ist ohnehin zu beobachten, daß die einzelnen Mitglieder im Interesse der Gesamtgruppe auf spezifische Persönlichkeitsprobleme oder Charakterstrukturen der jeweils anderen Mitglieder Rücksicht nehmen. Dennoch können in vielen Fällen Probleme nicht bis zu dem Punkt aufgearbeitet werden, bis zu dem es nötig wäre, da die besonders betroffenen Mitglieder auf diesen Prozeß mit Fluchttendenzen reagieren.

In der Kommunikation zwischen den einzelnen Mitgliedern müssen auch immer wieder die unterschiedlichen Erwartungen und Hoffnungen und ihre Realisierungsmöglichkeiten in dem gerade aktuellen Kollektiv abgeklärt werden. Auch daran wird wieder deutlich, daß kollektives Leben ein Lernprozeß ist, denn diese Abklärung kann die Entscheidung zum Verlassen des Kollektives nahelegen.

Typisch für die Kollektive ist auch, daß die Intensität der Kommunikation jeweils verschieden ist und auch in unterschiedlichen Wellen abläuft. Die Grade von Intensität werden besonders im ersten Beispiel deutlich, in dem einige Mitglieder nur mit zwei oder drei Leuten intensiv kommunizieren können oder aber nur mit Frauen zu einer gegebenen Zeitspanne. Im Beispiel des Kollektives, in dem Rüdiger (Beispiel 4) lebt, wird der Phasenablauf, den die Kommunikation annehmen kann, ebenfalls sehr deutlich. Kollektives Leben und Kommunizieren ist kein Dauerbrenner, sondern von Nähe und Distanz in wellenförmigen Verläufen bestimmt. In diesen Verläufen spiegelt sich aber nicht nur die Unfähigkeit oder Fähigkeit, der Einsatz oder die Passivität der einzelnen Mitglieder wieder, sondern auch der Einfluß der Umwelt. Durch gegenseitiges Abstützen im Kollektiv kann ein störender Einfluß der Umweltgegebenheiten jedoch besser verarbeitet werden, wie die Erfahrung in den Kollektiven zeigt.

Die Kommunikation in der Gruppe stellt in jedem Fall höhere Anforderungen an die Beteiligten als die Kommunikation in einer Zweierbeziehung. Der Lerneffekt dürfte aber auch größer sein, denn die Gruppe verhindert nicht das Aufrechterhalten und die Intensität von Zweierbeziehungen, sie vermittelt darüberhinaus wie bei Erika (Beispiel 1) zum Beispiel zusätzliche Fähigkeiten. Der Erfolg der Gruppenkommunikation ist aber auch abhängig davon, wie mit der bereits erfolgten Sozialisation umgegangen wird, ob in der Gruppe Verhaltenssicherheit erzielt werden kann, daß die eigenen Bedürfnisse hinreichend artikuliert werden können, daß formal verbindende Gruppenereignisse vorhanden sind, daß Rückzug möglich ist und daß die Gruppe eine überschaubare Größenordnung nicht überschreiten sollte.

Kindererziehung in Wohnkollektiven

Die Zahl der Wohnkollektive, in denen Kinder geboren werden oder aufwachsen, ist immer noch relativ gering. Die beiden Kollektive, die befragt wurden und Kinder haben, dürften stellvertretend für viele andere die beiden Endpunkte der Dimension abbilden, in der die Erziehung der Kinder in Wohnkollektiven stattfindet. Ein wesentliches Unterscheidungskriterium ist, ob die Kinder in den Kollektiven geboren werden, oder ob sie aus einer bereits neurotisierenden Umgebung in ein Kollektiv hineinkommen.

Die Kinder von Herbert und Hanneke (Beispiel 3) wurden im Kollektiv geboren, wobei das Kollektiv eine entsprechend positive Anteilnahme demonstrierte. Vor allem für Hanneke, für die Mutter, wurde der Prozeß der komplizierten Schwangerschaft erträglicher durch das Leben im Kollektiv. Die Entlastung in der Erziehung der Kinder ist bei ihr nicht unbedingt gegeben, wird aber auch von ihr nicht forciert gefordert und erwartet. Die Entlastung findet vielmehr auf der anderen Ebene der alltäglichen Erleichterung statt. Sie ist durch die Kinder (sie erwartete zum Zeitpunkt des Gespräches ihr zweites) zwar zeitlich gebunden, aber doch durch die Unterstützung der anderen Mitglieder nicht in dem Maße, wie sie es in einer Kleinfamilie wäre.

Das negative Bild zur Kindererziehung liefert das Beispiel von Helga und Ingrid (Beispiel 2). Dieses Beispiel erinnert stark an die fatale Darstellung der Kindererziehung in der Kommune 2, die die ganze Diskussion um Kindererziehung in Wohnkollektiven auf Jahre hinaus nachteilig beeinflußt hat. Vergessen wurde, daß die Kinder in der Kommune 2 bereits neurotisiert gewesen sind, als sie in die Kommune eintraten. Überdeutlich bemerkt wurden dagegen die Bemühungen der Kollektivmitglieder, die Kinder zum einen nicht repressiv sexuell frei zu erziehen, zum anderen die neurotisierenden Erlebnisse ihrer vorausgegangenen Lebenssituation abzuarbeiten. Daß dies nicht gelang, wurde in völliger Verkehrung der Umstände der Kommune 2 angelastet, obwohl es doch auf das vorausgegangene Leben in den jeweiligen Zweierbeziehungen hätte zurückgeführt werden müssen.

Eine ähnliche Problematik und ein ähnlich ehrliches Bemühen liegt bei den Müttern Helga und Ingrid (Beispiel 2) vor, die auf jeweils unterschiedliche Art und Weise ihre Kinder mit ihren eigenen unaufgearbeiteten Problemen belasten. Interessant ist dabei, daß, wie auch in anderen Kollektiven zu beobachten ist, die Kinder, obwohl sie nicht Blutsgeschwister sind, sich zu einer kindlichen gleichaltrigen Koalition zusammenschließen, die durchaus von geschwisterlichen Gefühlen bestimmt ist.

Der Anspruch an gemeinsame Elternschaft, wie er in der Euphorie der ersten Kinderladengründungen und Kommunegründungen postuliert wurde, ist mittlerweile von den meisten Kollektiven aufgegeben worden und einer pragmatisch-praktischen Hilfestellung gewichen.

Der Anreiz und Vorteil für die Kinder besteht nach wie vor darin, daß sie die Chance haben, nicht allein einem Erwachsenenpaar gegenüberzustehen, sondern mit gleichaltrigen Kindern eine »Gegenmacht« aufzubauen. Voraussetzung dafür ist, daß die Erwachsenen sich über ihren Erziehungsstil verständigt haben, so daß die Kinder mit gleichartigen normativen Anforderungen von seiten der Erwachsenen konfrontiert werden. Dann ist es den Kindern auch möglich, aus der jeweiligen Einzigartigkeit der erwachsenen Mitglieder zu lernen und in ihrem Verhaltensrepertoire nicht auf das eigene Elternpaar festgelegt zu sein.

23 % der Bevölkerung weisen als Nachteil der Wohnkollektive darauf hin, daß die Kinder schlecht erzogen werden. Sie werden sicherlich nach den vorliegenden Erfahrungen nicht schlechter erzogen als in den Kleinfamilien, sie haben aber, wenn gleiche Voraussetzungen vorliegen und sich Elternpaare überlegen, ob sie ihre Kinder im Kollektiv oder in der Kleinfamilie aufwachsen lassen, wahrscheinlich im Kollektiv bessere Chancen.

Sexualität in Wohnkollektiven

Die Einhelligkeit, mit der alle Altersgruppen die sexuelle Freizügigkeit in Kollektiven vermuten, wird von den Kollektiven selbst nicht bestätigt. Die Sexualität in den Kollektiven ist eher von dem Versuch nach befreiten erotischen Verhaltensweisen geprägt, als von der Idee einer sexuellen Gemeinschaft. Auf welche Schwierigkeiten selbst eine Anerotisierung des Alltagslebens stößt, wird an der Bettflucht deutlich, die Rüdiger (Beispiel 4) schildert. Wie stark auf der anderen Seite das Bedürfnis nach einer spielerischen Erotik ist, kann man ebenfalls an seiner euphorischen Reaktion auf das Zusammensein in der neuen Gruppe ablesen.

Eine gespielte lockere Beziehungsform, die Sexualität nicht verquält sieht, ist von den befragten Kollektiven eigentlich nur bei Hanneke, Abu, Elisabeth und Herbert (Beispiel 3) zu finden. Sie verwirklichen zwar nicht den Schlachtruf der Kommune I »Alle Zweierverhältnisse müssen aufgelöst werden!«, verkrampfen sich aber auch nicht in der Problematisierung der sexuellen Beziehungen. Sicherlich spielt dabei eine nicht unwesentliche Rolle, daß sie einen Teil ihrer Sexualproblematik bereits in vorausgegangenen Kollektiven abgearbeitet haben, wie aus dem Bericht von Abu zu ersehen ist.

Die sexuelle Befreiungsbewegung der späten 60er Jahre ist eigentlich nicht unbedingt typisch für die kollektiven Lebensformen, sie erfaßte vielmehr alle gesellschaftlichen Bereiche bis hin zu den Frontseiten der Illustrierten-Magazine. Der programmatische Anspruch der Kollektive hat vielleicht nur insofern eine tendenziell andere Färbung, als daß die da zugrundeliegende Wertvorstellung nicht Orgie ist, sondern das Herstellen eines erotischen zwischenmenschlichen Kontaktes, der nicht von Berührungsängsten geprägt ist.

Auf dem Weg in dieses nicht von Doppelmoral geprägte Neuland, ohne Orientierungspunkte, wurden vielfach Schwierigkeiten offensichtlich, die sich hervorragend in dem Fünfeck des zweiten befragten Wohnkollektivs widerspiegeln.

Nimmt man die Erfahrungsberichte der Kollektive, so kann die Entwicklung der kollektiven Sexualität als Variation zwischen Permissivität und Promiskuität bezeichnet werden. In den meisten Kollektiven haben sich die Paarbeziehungen aufgelöst, obwohl andererseits ein Wunsch nach Paarbeziehungen deutlich wird, wie ihn z. B. Hartmut (Beispiel 1) formuliert. Verantwortlich für die Auflösung der Zweierbeziehungen dürfte die Dynamik des kollektiven Zusammenlebens sein, die in einem gewissen Gegensatz zur Paarbildung steht.

Dieser Gegensatz wurde von der Kommune 2 schon erwähnt. Die Zweierbeziehung bietet Schutz vor der Verunsicherung durch die Gruppe, während in der Gruppe Frustrationen und Aggressionen abreagiert und bearbeitet werden.

Außerdem erleichtert das Kollektiv die Trennung zweier Beziehungspartner. Das Auseinandergehen hat nicht die schmerzhaften Konsequenzen wie bei Ehen oder Kleinfamilien, da beide Partner vom Kollektiv emotionell aufgefangen werden können. Daß dies auch geschieht, zeigt der hohe Anteil von Personen, die auch nach der Trennung weiter zusammen im Kollektiv bleiben (wie auch das Beispiel 2). An diesem Beispiel wird auch deutlich, daß sich den Gruppen weniger die Frage nach Gruppensexualität stellt, sondern wie sexuelle Permissivität ohne starke psychische Belastungen, Abnutzungserscheinungen und Verlassenheitsgefühlen bewältigt werden kann.

12. Schlußbetrachtung zu den Ergebnissen

Wenn zu Anfang dieses Buches noch die Meinung bestanden haben sollte, daß der Erfolg des kollektiven Zusammenlebens an der Dauer der Jahre abzulesen ist, dann hat sich diese Einstellung hoffentlich gewandelt.

Die zeitliche Dauer ist zu Recht ein Aspekt, unter dem man Kollektive betrachten kann. Wenn man sich in einer Situation wohl fühlt, verläßt man sie nicht unbedingt, insofern kann auch zeitliche Konstanz ein Indikator sein. Auf der anderen Seite sollte aber nicht außer Acht gelassen werden, daß das Leben im Wohnkollektiv ein dynamischer Prozeß ist, an dem der Lernerfolg und die persönliche Weiterentwicklung der Kollektivmitglieder erkennbar wird.

Hinzu kommt ein rein technisches Problem. Die zeitliche Dauer eines Wohnkollektivs ist schwer zu ermitteln, da unterschiedliche Bezugswerte genommen werden können. Nimmt man die gesamte Zeitspanne, in der eine Wohnung Kollektivwohnung gewesen ist, mit sich allmählich umschichtenden Mitgliedern wie im ersten Beispiel, dann weisen Kollektive mittlerweile Zeiträume von acht und mehr Jahren auf. Denkbar wäre auch, einen Wert als Kollektivdauer zu nehmen, an dem die überwiegende Mehrzahl der Gründungsmitglieder noch zusammenlebt. Außerdem kann man noch einen Kollektivwert für ein Individuum im Kollektiv als Bezugsgröße nehmen, der aber die Kollektiverfahrung, die jemand im Laufe seines Lebens angesammelt hat, in sich einschließt. Das würde im Falle von Abu (Beispiel 3) einmal den Wert von vier Jahren für sein jetziges Kollektiv ergeben, den Wert von zehn Jahren für seine bisherige Kollektiverfahrung. Es zeigt sich, daß Zeitspannen, die irgendeine Relevanz haben, für kollektives Leben schwierig festzulegen sind. Dennoch will ich nicht mit zeitlichen Werten zurückhalten. Bis zum Jahr 1973 betrug der Durchschnittswert für Gruppen neun Monate, für Einzelpersonen 15 Monate. Im Jahre 1978 betrug der Durchschnittswert für Kollektive mit der überwiegenden Zahl der Gründungsmitglieder 18 Monate.

Der zweite Aspekt bezog sich auf die Ausschöpfung des Lernpotentials einer Gruppe. Dieser Aspekt gibt Aufschluß über die Transformation, der die meisten Kollektive unterliegen. Das Problem der Fluktuation wird von den Kollektivmitgliedern selbst eher ambivalent betrachtet. So leidet

Hartmut (Beispiel 1) unter jedem Auszug eines Mitgliedes, weil damit unwiederbringlich auch etwas von seiner eigenen Substanz verschwindet, während Erika ihr Gefühl eher davon abhängig macht, wie gut die Beziehung war, die sie zu den betreffenden Personen gehabt hat.

Die Fluktuation wird in den Kollektiven wesentlich bestimmt und verstärkt durch die offenen Normen der Konfrontation und des Zusammenlebens, die zwar das Wachsen einer Persönlichkeit stimulieren, gleichzeitig aber auch den Wunsch nach Veränderung verstärken. Kollektive unterscheiden sich gerade durch die Möglichkeit zur dynamischen Entwicklung und durch kontinuierlich anwachsende Erfahrungsprozesse von anderen Lebensformen. In Kollektiven können zugefrorene Erfahrungskanäle wieder enteist werden. Wohnkollektive betonen weniger die beschränkenden Aspekte von Stabilitätsforderungen, sondern legen das Schwergewicht auf Identitätsausbildung.

Für diesen Prozeß ist die gleiche Chance, Identität entwickeln zu können, Vorbedingung. Es werden Zeiten der Privatheit, Freiheit und Unabhängigkeit benötigt, in denen man sich von dem gemeinsamen Bezugszusammenhang distanzieren kann. Durch diese Distanz wird das Zurechtrücken des eigenen Verhaltens und der Interpretation des eigenen Verhaltens durch die Mitglieder erst möglich. Zwangsläufig kann durch diese Überlegungen die eigene Identität umdefiniert werden, da sie etwas ist, was sich entwickelt und mit hinzugewonnenen Erfahrungen verändert. Der gesamte Beziehungszusammenhang muß deshalb ebenfalls flexibel sein, damit solche Entwicklungsmöglichkeiten gegeben sind. Andernfalls kann die Unstimmigkeit zwischen geänderter Identität und veränderter Situation und Zielen des Wohnkollektivs wegen der Freiwilligkeit des Zusammenlebens zum Ausscheiden des betreffenden Mitglieds führen.

Das Scheitern eines Wohnkollektivs bedeutet somit lediglich des Scheitern einer ganz bestimmten Konstellation von Personen und widersprüchlichen Interessen. In jedem Fall werden die Realitätssicht und die Relevanzstrukturen der Kollektivmitglieder von diesem Erfahrungsprozeß geprägt sein, in dem sie in dem Versuch, ihre ursprünglichen Motive zu realisieren, mehr über sich selbst, ihre eigenen Möglichkeiten und ihre noch vorhandenen Grenzen gelernt haben.

Anhang:

Drei Tabellen auf den Seiten 118–121 mit den Ergebnissen einer Repräsentativumfrage über die Wohngemeinschaftsproblematik und eine Darstellung über die Entwicklung der Anzahl von Ledigen in der BRD.

Tabelle 1: Repräsentativ-Befragung

Glauben Sie, daß Leute einer Wohngemeinschaft glücklicher sind?
Würden Sie selbst in eine Wohngemeinschaft ziehen?

Glücklicher in Wohngemeinsch.	Total	Geschlecht männlich	weiblich	Alter 14-24 Jahre	25-34 Jahre	35-44 Jahre	45-65 Jahre	66 J. u. älter	Einkommen bis 800 DM	800-1500 DM	1500-2000 DM	2000 DM u. mehr
Gesamt (absolut)	1997	931	1066	931	367	344	617	338	280	818	417	482
(%)	100.0	100.0	100.0	100.0	100.0	100.0	100.0	100.0	100.0	100.0	100.0	100.0
Ja	182	95	87	79	41	23	28	11	16	69	44	53
	9.1	10.2	8.2	23.9	11.2	6.7	4.5	3.3	5.7	8.4	10.6	11.0
Nein	1786	822	964	248	319	318	581	320	263	735	366	422
	89.4	88.3	90.4	74.9	80.9	92.4	94.2	94.7	93.9	89.0	87.8	87.6
Keine Angabe	29	14	15	4	7	3	8	7	1	14	7	7
	1.5	1.5	1.4	1.2	1.9	.9	1.3	2.1	.4	1.7	1.7	1.5
Einzug in Wohngemeinsch.												
Ja	80	48	32	45	24	10	1		10	30	20	20
	4.0	5.2	3.0	13.6	6.5	2.9	.2		3.6	3.7	4.8	4.1
Ja, wenn kein	36	22	14	16	15	1	4		2	15	11	.8
Partnertausch	1.8	2.4	1.5	4.8	4.1	.3	.6		.7	1.8	2.6	1.7
Vielleicht	132	61	71	58	32	18	17	7	10	57	22	43
	6.6	6.6	6.7	17.5	3.7	5.2	2.8	2.1	3.6	7.0	5.3	8.9
Nein	1742	797	945	212	296	315	593	326	252	715	364	411
	87.2	85.6	88.6	64.0	80.7	91.6	96.1	96.4	90.0	87.4	87.3	85.3
Keine Angabe	7	3	4				2	5	6	1		
	.4	.3	.4				.3	1.5	2.1	.1		

Tabelle 2: Repräsentativ-Befragung

Glauben Sie, daß Leute einer Wohngemeinschaft glücklicher sind?
Würden Sie selbst in eine Wohngemeinschaft ziehen?

Glücklicher in Wohngemeinschaft	Total	evang.	kath.	andere Konf.	keine Konf.	ledig	verh.	verw.	gesch.
Gesamt (absolut)	1997	1076	800	32	89	371	1279	297	50
(%)	100.0	100.0	100.0	100.0	100.0	100.0	100.0	100.0	100.0
Ja	182	91	70	3	18	84	81	11	6
	9.1	8.5	8.8	9.4	20.2	22.6	6.3	3.7	12.0
Nein	1786	972	718	28	68	285	1175	284	42
	89.4	90.3	89,8	87.5	76.4	76.8	91.9	95.6	84.0
Keine Angabe	29	13	12	1	3	2	23	2	2
	1.5	1.2	1.5	3.1	3.4	.5	1.8	.7	4.0
Einzug in Wohngemeinschaft									
Ja	80	36	30	2	12	51	23	3	3
	4.0	3.3	3.8	6.3	13.5	13.7	1.8	1.0	6.0
Ja, wenn kein Partnertausch	36	15	17		4	12	21		3
	1.8	1.4	2.1		4.5	3.2	1.6		6.0
Vielleicht	132	71	52	2	7	61	62	4	5
	6.6	6.6	6.5	6.3	7.9	16.4	4.8	1.3	10.0
Nein	1742	951	697	28	66	247	1168	288	39
	87.2	88.4	87.1	87.5	74.2	66.6	91.3	97.0	78.0
Keine Angabe	7	3	4				5	2	
	.4	.3	.5				.4	.7	

Tabelle 3: Repräsentativ-Befragung (1997 Befragungspersonen)

Vorteile einer Wohngemeinschaft

		Total	Geschlecht männ-lich	weib-lich	Alter 14-24 Jahre	25-34 Jahre	35-44 Jahre	45-65 Jahre	66 J. u. älter
Gesamt	(absolut)	1997	931	1066	331	367	344	617	338
	(Prozent)	100.0	100.0	100.0	100.0	100.0	100.0	100.0	100.0
Mehr		407	223	184	104	100	67	108	28
Anregungen		20.4	24.0	17.3	31.4	27.2	19.5	17.5	8.3
Billigeres		730	373	357	147	150	142	203	88
Leben		36.6	40.1	33.5	44.4	40.9	41.3	32.9	26.0
Abbau autorit.		224	127	97	64	44	39	58	19
Fam.-Strukturen		11.2	13.6	9.1	19.3	12.0	11.3	9.4	5.6
Bessere Kontrolle		134	71	63	36	38	21	32	7
d. Verh. d. Mitgl.		6.7	7.6	5.9	10.9	10.4	6.1	5.2	2.1
Bessere Möglichk.		200	98	112	49	55	32	53	11
d. Kindererzieh.		10.0	9.5	10.5	14.8	15.0	9.3	8.6	3.3
Emanzipation der		273	118	155	68	74	49	63	19
Frau möglich		13.7	12.7	14.5	20.5	20.2	14.2	10.2	5.6
Partnertausch		137	91	46	26	21	28	47	15
		6.9	9.8	4.3	7.9	5.7	8.1	7.6	4.4
Sonstiges		124	47	77	26	28	23	33	14
		6.2	5.0	7.2	7.9	7.6	6.7	5.3	4.1
Keine Angabe		695	287	408	72	94	107	242	180
		34.8	30.8	38.3	21.8	25.6	31.1	39.2	53.3

LEDIGENQUOTEN 1970 UND 1974 NACH DEM ALTER

Ledige nach dem Alter in % der entsprechenden Gesamtbevölkerung

Deutsche Bevölkerung

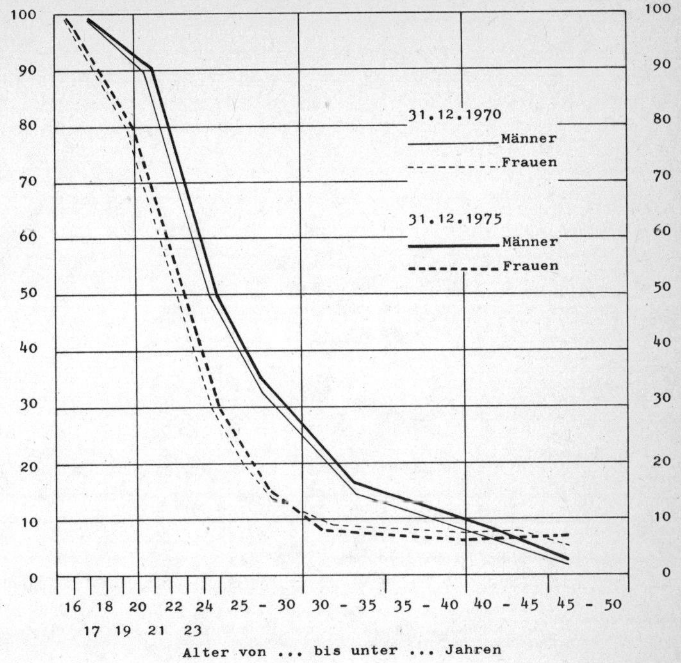

Statistisches Bundesamt 77 0353

Literaturverzeichnis

Diese Bibliographie enthält sämtliche verwendeten wissenschaftlichen Werke; Artikel aus Sammelbänden sind nicht gesondert aufgeführt, aufgenommen wurde lediglich der Band unter dem Namen des Herausgebers. Die Bibliographie wurde im Juni 1978 abgeschlossen.

Verwendete Abkürzungen:

B + W	– Bauen + Wohnen
JComFS	– Journal of Comparative Family Studies
JMF	– Journal of Marriage and the Family
KZfSS	– Kölner Zeitschrift für Soziologie und Sozialpsychologie
ZfS	– Zeitschrift für Soziologie

I. Bücher und Fachaufsätze

Aage, H., L'égalité dans le Communautés utopiques, Cahiers Internationaux de Sociologie, Vol. LVI, 1974

Ackerknecht, D. u. a., Kommune und Großfamilie, Zürich 1972

Amendt, G., Sexfront, Frankfurt 1970

Ariès, P. H., Geschichte der Kindheit, München/Wien 1975

Armytage, W. H. G., Heavens Below, Utopian Experiments in England 1560–1960, London 1961

Askham, J., Identity and Stability within the Marriage Relationship, in: JMF, Vol. 38, No. 3, 1976

Baake, D., Jugend und Subkultur, München 1972

Bayer, N. u. a., Religion im Untergrund, Zürich/Einsiedeln/Köln 1975

Becker, G., Die Siedlung der deutschen Jugendbewegung, ohne Ortsangabe, 1929

Behr, M./Bonanni, A./Spiess, W., Entwurf eines Experimentalhauses zur Erprobung neuer Wohnformen, in: B + W 4/1971

Bellebaum, A., Wissen im Überblick, Die moderne Gesellschaft, Freiburg 1972

Berg, R./Hochstetter, K./Jander, M./Schorb, B., Gruppe – Kollektiv, Starnberg 1973

Berger, H., Untersuchungsmethode und soziale Wirklichkeit, Frankfurt 1974

Berger, P. L./Luckmann, Th., Die gesellschaftliche Konstruktion der Wirklichkeit, Frankfurt 1970

Bernsdorf, W., Hg., Wörterbuch der Soziologie, Stuttgart 1969

Bettelheim, B., Die Kinder der Zukunft, München 1973

Böckelmann, F., Befreiung des Alltags, Rogner & Bernhard, München 1970

Bookhagen, E./Hemmer, E./Raspe, J./Schultz, E./Stergar, M., Kommune 2, Versuch der Revolutionierung des bürgerlichen Individuums, Berlin 1969

Buckley, W./Burns, T./Meeker, L. D., Structural Resolutions of Collective Action Problems in: Behavioral Science, Vol. 19, No. 5, 1974

Byrnes, R. F., Communal Families in the Balkans: The Zadruga, London 1976

Cartright, D./Zander, A., Group Dynamics, New York 1968

Claessens, D./Millhoffer, P., Familiensoziologie, Ein Reader als Einführung, Frankfurt 1974
Coleman, D., A Geography of Marriage, in: New Society, Vol. 23, Heft 546, 1973
Constantine, L. L. and J. M., A Study of Contemporary Multilateral Marriage, New York 1973
Conze, W., Hg. Sozialgeschichte der Familie in der Neuzeit Europas, Stuttgart 1976
Cooper, D., Der Tod der Familie, Reinbek 1972
Cotgrove, St., Environment and Utopia, in: The Sociological Review, Vol. 24, No. 1, 1976
Decter, M., The Communard, A Not Altogether Imaginary Portrait, in: Commentary, Januar 1975
Diamond, S., Was die Bäume sagen, Leben in einer Landkommune, Frankfurt 1972
Dickson, D., Alternative Technology, London 1974
Dietz, H., Faszination der Revolte, Stuttgart 1970
Döbert, R./Nunner-Winkler, G., Konflikt- und Rückzugspotentiale in spätkapitalistischen Gesellschaften, in: ZfS, Jg. 2, Heft 4, 1973
Dubiel, H., Identität und Institution, Düsseldorf 1973
Duhm, D., Der Mensch ist anders, Lampertheim1975
Eichner, K., Wohnformen und Wohnzufriedenheit, in: Soziale Welt, No. 4, 1976
Eickelpasch, R., Ist die Kernfamilie universal? Zur Kritik eines ethnozentrischen Familienbegriffs, ZfS, Jg. 3, Heft 4, 1974
ders., Mythos und Sozialstruktur, Opladen 1973
Elliot, K., Ed., The Family and its Future, London 1970
Erbe, H., Betlehem Pennsylvania, Stuttgart 1929
Erikson, E. H., Identität und Lebenszyklus, Frankfurt 1966
ders., Identity, Youth and Crisis, New York 1968
Fairfield, R., Communes USA, a Personal Tour, Baltimore 1972
Freil, J., Wohngruppe, Kommune, Großfamilie, Reinbek 1972
Friedrichs, J., Methoden empirischer Sozialforschung, Reinbek 1973
Fuchs, W. u. a., Hg., Lexikon zur Soziologie, Bd. 1 und 2, Reinbek 1975
Geck, K., Hg., Free Clinic Heidelberg, Alternative Jugendarbeit in Selbstorganisation, Frankfurt 1975
Gemeinschaftswohnungen, Bericht über ein Wohnungsbauseminar an der TU Berlin, in: Bauwelt, Heft 10, 1970
Gerdes, K./Wolffersdorff-Ehlert, Ch. v., Drogenscene: Suche nach Gegenwart, Stuttgart 1974
Giesen, B./Schmidt, M., System und Evolution, in: Soziale Welt, Heft 4, 1975
Gizycki, H. v., Oasen der Freiheit, Frankfurt 1978
Glazer-Malbin, N., Old Family/New Family, Interpersonal Relationships, London/Toronto/Melbourne 1975
Goffmann, E., Interaktionsrituale, Frankfurt 1976
ders., Stigma, Über Techniken der Bewältigung beschädigter Identität, Frankfurt 1967
Goode, W. J., Die Struktur der Familie, 2. Ed., Köln/Opladen 1966
Gordon, M., Ed., The Nuclear Family in Crisis: The Search for an Alternative, New York 1972
Gottschalk, S. S., Communities and Alternatives, An Exploration of the Limits of Planning, Cambridge, Massachussetts 1975
Gough, K., The Origin of the Family, in: JMF, Nov. 1971
Grandison, C./Arell, A./Lindman, G., Servicehaus im Sollentuna-Zentrum bei Stockholm, in: B + W, Heft 4, 1971
Gouldner, A. W., Die westliche Soziologie in der Krise 1, Reinbek 1974
Grindner, R. E., Ed., Studies in Adolescence, 3. Ed., New York/London 1975
Gusfield, J. R., Ed., Protest, Reform and Revolt: A Reader in Social Movements, New York/London/Sydney/Toronto 1970
Haag, F. u. a., Aktionsforschung, Forschungsstrategien, Forschungsgelder und Forschungspläne, 2. Auflage, München 1975
Habicht, H., Oasen der Freiheit, Frankfurt 1978
Harper, P., What's Left of Alternative Technology, in: Undercurrents, Vol. 6, March/April 1974

Hartfiel, G., Wörterbuch der Soziologie, Stuttgart 1972
ders., Emanzipation, Opladen 1975
Havighurst, R. J./Jansen, A. J., Community Research, A Trend Report and Bibliography, in: Current Sociology, Vol. 15, No. 2, 1967
Hedgepeth, W./Stock, D., Eds., The Alternative, Communal Life in New America, New York 1970
Helle, H. J., Hg., Zur Soziologie der Familie, Soziologenkorrespondenz, Heft 1, 1974
Hendrix, L., Nuclear Family Universals: Fact and Faith in the Acceptance of an Idea, in: JComFS, Vol. VI, No. 2, 1975
Hepner, A., Die Ikarier in Nordamerika, Eine Warnung vor kommunistischen Colonialgründungen, New York 1886
Hermand, J., Pop International, eine kritische Analyse, Frankfurt 1971
Herzog, R., Kommunen in der Schweiz, Basel 1972
Hill, R./König, R., Eds., Families in East and West, Socialization Procress and Kinship ties, Paris/The Hague 1970
Hinds, W. A., American Communities, New York 1961
Holloway, M., Heavens on Earth, London 1966
Hollstein, W., Der Untergrund, Neuwied/Berlin 1970
Hostetler, J. A./Huntington, G. E., The Hutterites in North America, New York 1967
Jaeggi, U., Hg., Sozialstruktur und politische Systeme, Köln/Berlin 1976
Janssen, J. u. a., Stadtplaner und Reformgeister, Berlin 1970
Jerome, J., Families of Eden, London 1975
Kaiser, R. U., Fabrikbewohner, Protokoll einer Kommune und 23 Trips, Düsseldorf 1970
Kando, Th. M., Leisure and Popular Culture in Transition, Saint Louis 1975
Kanter, R. M., Ed., Communes Creating and Managing the Collective Life, New York 1973
Kerbs, D., Hg., Die hedonistische Linke, Neuwied 1971
Kleemanns, S., Ursachen und Formen der amerikanischen Studentenopposition, Frankfurt 1971
Klostermann, M., Auroville, Frankfurt 1976
Kobrin, F. E., The Primary Individual and the Family: Changes in Living Arrangements in the United States since 1940, in: JMF, Vol. 38, No. 2, 1976
Kögler, A., Die Entwicklung von Randgruppen in der BRD, Göttingen 1975
König, R., Hg., Beobachtung und Experiment in der Sozialforschung, 8. Ed., Köln 1972
ders., Hg., Das Interview, Formen-Technik-Auswertung, 7. Ed., Köln 1972
ders., Hg., Soziologie, Frankfurt, Neuausg. 1974
ders., Die Familie der Gegenwart, Ein kultureller Vergleich, München 1974
König, R./Rosenmayr, L., Hg. Handbuch der empirischen Sozialforschung, Bd. 7: Familie, Alter, Stuttgart 1976
Kopkind, A., Up the Country: Five Communes in Vermont, Working Papers for a New Society, in: Rural Sociology 1, No. 1, 1973
Korczak, J., Wie man ein Kind lieben soll, Göttingen 1967
Krappmann, L., Soziologische Dimensionen der Identität, Stuttgart 1973
Kursbuch 17, Frau, Familie, Gesellschaft, Berlin 1969
Kursbuch 35, Verkehrsformen 1, Frauen Männer Linke über die Schwierigkeiten ihrer Emanzipation, Berlin 1974
Kursbuch 37, Verkehrsformen 2, Emanzipation in der Gruppe und die »Kosten« der Solidarität, Berlin 1974
Kursbuch 41, Alltag, Berlin 1975
Kursbuch 48, Zehn Jahre danach, Berlin 1977
Kursbuch 49, Sinnlichkeiten, Berlin 1977
Laing, R. D., Die Politik der Familie, London 1971
Laslett, B., The Family as a Public and Private Institution, An Historical Perspective, in: JMF, Vol. 35, No. 3, 1973
Leineweber, B./Schibel, K.-L., Die Revolution ist vorbei – wir haben gesiegt, Berlin 1975

Leithäuser, Th., Formen des Alltagsbewußtseins, Frankfurt/New York 1976
Lell, J./Menne, F. W., Hg. Religiöse Gruppen, Düsseldorf/Göttingen 1976
Libby, R. W./Whitehurst, R. N., Renovating Marriage, Danville 1973
Liegle, L., Hg. Kollektiverziehung im Kibbutz, München 1971
ders., Familie und Kollektiv im Kibbutz, 3. Ed., Weinheim und Basel 1973
Lüschen, G./Lupri, E., Hg. Soziologie der Familie, KZfSS, Sonderheft 14, Opladen 1970
Lüscher, K. u. a., Besprechungsforum des Zweiten Familienberichts, in: ZfS, Jg. 5, Heft 3, 1976
Luhmann, N., Soziologische Aufklärung, Köln/Opladen 1970
Lyness, J. L. u. a., Living Together: An Alternative to Marriage, in: JMF, Vol. 34, No. 2, 1972
Macetti, S., Großwohneinheiten, in: Deutsche Architektur 10/1965 und 8/1969
Mackensen, R., Was folgt auf die bürgerliche Form der Ehe, in: Zentralblatt für Ehe- und Familienkunde, 9. Jg., Heft 1 + 2, 1972
Makarenko, A. S., Werke, II. Bd., Aus der Geschichte der Dzierzynski-Kommune, VEB Berlin 1970
Mankowski, K., Das Kronenburg-Projekt, Münster/Bochum/Berlin 1976
Marx, J. H./Ellison, D. L., Sensitivity Training and Communes: Contemporary Quests for Community, in: Pacific Sociological Review, Vol. 18, Oct. 1975
Mehnert, K., Bericht aus einem Kommune-Tagebuch, in: Reich, W.: Die sexuelle Revolution, Frankfurt 1969
Melville, K., Communes in the Counter-Culture, New York 1972
Menne, F. W., Hg. Neue Sensibilität, Alternative Lebensmöglichkeiten, Darmstadt/Neuwied 1974
Meyer-Ehlers, G. u. a., Kollektive Wohnformen, Wiesbaden/Berlin 1973
Millhofer, P., Familie und Klasse, Frankfurt 1973
Mills, C. W., Die amerikanische Elite, Hamburg 1962
Mills, R., Young Outsiders, A Study of Alternative Communities, London 1973
Mitterauer, M./Sieder, R., Vom Patriarchat zur Partnerschaft, Zum Strukturwandel der Familie, München 1977
Mollenhauer, K. u. a., Die Familienerziehung, München 1975
Morgan, D. H. J., Social Theory and the Family, London 1975
Mullins, N. C., Theories and Theory in Contemporary American Sociology, New York 1973
Neidhardt, F., Die junge Generation, Jugend und Gesellschaft in der Bundesrepublik, Opladen 1970
ders., Die Familie in Deutschland, Gesellschaftliche Stellung, Struktur und Funktion, 4. Aufl., Opladen 1975
ders., Hg. Frühkindliche Sozialisation, Theorien und Analysen, Stuttgart 1975
Neusüss, A., Hg. Utopie, Begriff und Phänomen des Utopischen, Neuwied/Berlin 1972
Nordhoff, C., The Communistic Societies of the United States, From Personal Visit and Observation, New York 1966
Noyes, J. H., History of American Socialism, New York 1966
O'Neill, N. and G., Open Marriage: A New Life Style for Couples, New York 1972
Oppitz, M., Notwendige Beziehungen, Abriß der strukturalen Anthropologie, Frankfurt 1975
Parsons, T., Zur Theorie sozialer Systeme, Westdeutscher Verlag, Opladen 1976
Peinemann, S. B., Wohngemeinschaft, Erlangen 1974
Petersen, P., Hg. Wohngemeinschaft oder Großfamilie, Wuppertal 1972
Pettinger, R., Bedingungen und Zielsetzungen des Projekts Tagesmütter, in: Zeitschrift für Pädagogik, Heft 6, Dezember 1974
Picard, W., Identität und Interaktion, in: Soziologenkorrespondenz, Heft 3, 1976
Pieper, B. und M., Familie – Stabilität und Veränderung, München 1975
Pitts, J. R., Survey Essay: On Communes, in: Contemporary Sociology, Vol. 2, No. 4, 1973
PoFo (politisches Forum), Wohnen im Kollektiv – Erfahrungen und Perspektiven, in: Baumeister Heft 10, 1970

Rabbit, R., Drop City, New York 1971
Ramey, J. W., Communes, Group Marriage, and the Upper-Middle Class, in: JMF, Vol. 34, No. 4, 1972
Rasmussen, P./Eriksen, S., Entwurf für ein Wohnkollektiv, in: B + W, Heft 4, 1971
Reese, K., Der Zug zur Kommune, in: DJG, Neue Bewußtseinsmodelle, Frankfurt 1970
Reiche, R., Sexualität und Klassenkampf, Frankfurt 1968
Reimann, H. und H., Hg. Die Jugend, München 1975
Rheinstein, M./König, R., Persons and Family, International Encyclopedia of Comparative Law, Vol. IV, 1972
Richter, H.-E., Die Gruppe, Reinbek 1972
Richter, P. E., Utopias: Social Ideals and Communal Experiments, Boston 1971
Riesman, D., Die einsame Masse, Reinbek 1958
Rigby, A., Communes in Britain, London/Boston 1974
ders., Alternative Realities, A Study of Communes and their Members, London/Boston 1974
Rimmer, R. H., Adventures in Loving, New York 1973
Ritter, H., Grenzen der Emanzipation von Sexualität im Spätkapitalismus, in: Das Argument, Heft 50, 1969
Robbins, Th. u. a., Youth Culture Religious Movements: Evaluating the Integrative Hypothesis, in: The Sociological Quarterly, 16, 1975
Roberts, R. E., The New Communes, Englewood Cliffs 1971
Rogers, C. R., Becoming Partners: Marriage and its Alternatives, New York 1972
Rosenbaum, H., Hg. Familie und Gesellschaftsstruktur, Materialien zu den sozioökonomischen Bedingungen von Familienformen, Frankfurt 1974
Roszak, Th., Gegenkultur, Gedanken über die technokratische Gesellschaft und die Opposition der Jugend, Düsseldorf/Wien 1971
Ruthe, R., Hg. Ist die Ehe überholt? München 1972
Sander, H./Christians, U., Subkultur Berlin, Kommunen, Rocker, Subversive Gruppen, Darmstadt 1969
Sanders, E., The Family, New York 1971
Scherer, J., Contemporary Community, Chatham 1972
Schlandt, J./Fassbinder, H., Kommunehaus und Wohnkommune Berlin, München 1972
Schlemmer, J., Hg. Krise der Ehe? München 1966
Schneider, H. D., Kleingruppenforschung, Stuttgart 1975
Schülein, J. A., Wohngemeinschaft – Probleme und Chancen, in: Frankfurter Hefte, Sonderheft Jugend, 30. Jhg., Heft 4, 1975
ders., Das neue Interesse an der Subjektivität, in: Leviathan 1/1976
Schütz, A./Luckmann, Th., Strukturen der Lebenswelt, Neuwied und Darmstadt 1975
Schwäbisch, L./Siems, M., Anleitung zum sozialen Lernen für Paare, Gruppen und Erzieher, Reinbek 1974
Schwägler, G., Soziologie der Familie, Ursprung und Entwicklung, Tübingen 1975
Schwendter, R., Theorie der Subkultur, Köln 1971
ders., Thesen zur Jugendsubkultur in der BRD 1976, in: Vorgänge Nr. 24, 6/1976
Seibel, H. P., Offene und geschlossene Rolle, in: Soziale Welt, Jg. 26, Heft 4, 1975
Shorter, E., The Making of the Modern Family, New York 1975
Siegrist, J., Das Consensus-Modell, Studien zur Interaktionstheorie und zur kognitiven Sozialisation, Stuttgart 1970
Skolnick, A., The Intimate Environment, Exploring Marriage & The Family, Boston 1973
Slater, P., The Pursuit of Loneliness: American Culture at the Breaking Point, Boston 1970
Smith, J. R./Smith, L. G., Eds., Beyond Monogamy, Recent Studies of Sexual Alternatives in Marriage, Baltimore/London 1974
Speck, R. V., The New Families, London 1972
Spiegel, J., Transactions: The Interplay between Individual, Family and Society, New York 1971

Spiro, M. E., Kibbutz, Venture in Utopia, New York 1963
Statera, G., Death of an Utopia, The Development and Decline of Student Movements in Europe, New York 1975
Streib, G. F. and R. B., Communes and the Aging: Utopian Dream and Gerontological Reality, in: American Behavioral Scientist, Vol. 19, No. 2, 1975
Sussman, M. B., Ed. Variant Marriage Styles and Family Forms, The Family Coordinator, Vol. 21, No. 4, 1972
Sylvanus, E., Familie in der Krise, Reinbek 1974
Talmon, Y., Family and Community in the Kibbutz, Cambridge, Mass. 1972
Teselle, S., Ed. The Family, Communes and Utopian Societies, New York 1971
Thamm, R., Beyond Marriage and the Nuclear Family, San Francisco 1975
Thorns, D., The Quest for Community, London 1976
Tjaden, K. H., Hg. Soziale Systeme, Neuwied/Berlin 1971
Tyrell, H., Probleme einer Theorie der gesellschaftlichen Ausdifferenzierung der modernen Kernfamilie, in: ZfS, Jg. 5, Heft 4, 1976
Ungers, L. und O. M., Kommunen in der Neuen Welt, Köln 1972
Veysey, L., Communal Sex and Communal Survival: Individual Busts the Commune Boom, in: Psychology Today, Dec. 1974
ders., The Communal Experience, Anarchist and Mystical Counter-Cultures in America, New York 1973
Vollmar, K.-B., Landkommunen in Nordamerika, Berlin 1975
von Alemann, U., Hg. Partizipation – Demokratisierung – Mitbestimmung, Opladen 1975
von Friedeburg, L., Hg. Jugend in der modernen Gesellschaft, 4. Aufl., Köln/Berlin 1967
von Gizycki, H., Ausbruch aus dem Neandertal, Entwurfsskizzen für eine neue Kommune, in: Frankfurter Hefte, 26. Jg., Heft 12, 1971
von Schweitzer, R., Die Wohngruppe als Alternative zur Lebensform in der Kleinfamilie, in: Hauswirtschaft und Wissenschaft, Nr. 6, 1972
Warren, R. L., Ed., Perspectives on the American Community, 2. Ed., Chicago 1973
Weingarten, E. u. a., Hg. Ethnomethodologie, Beiträge zu einer Soziologie des Alltagshandelns, Frankfurt 1976
Wienold, H., Kontakt, Einfühlung und Attraktion, zur Entwicklung von Paarbeziehungen, Stuttgart 1972
Westhues, K., Hippiedom 1970, Some Tentative Hypotheses, in: The Sociological Quarterly, No. 13, 1972
Whitworth, J. M., God's Blueprints, A Sociological Study of Three Utopian Sects, London/Boston 1975
Yankelovich, P., The Changing Value on Campus, New York 1972
Zablocki, B., The Joyful Community, Baltimore 1971
Zapf, W., Hg. Theorien des sozialen Wandels, 3. Aufl., Köln/Berlin 1971
Zollschan, G. K./Hirsch, W., Eds. Social Change: Explorations, Diagnoses, and Conjecture, New York/London/Sidney/Toronto 1976

II. Berichte, Untersuchungen, Stellungnahmen, Sonstiges

AA-Nachrichten, Heft 1, Wien 1974/Heft 4/5, Wien 1975/Heft 1, Wien 1977
Akademie Loccum, Hg. Wohnbedürfnisse der Zukunft, Loccumer Protokolle, Heft 11, 1975
Alternativ Katalog Nr. 2, Köniz (Schweiz) 1976
Bundesminister für Bildung und Wissenschaft, Hg. Das soziale Bild der Studentenschaft in der Bundesrepublik Deutschland, 7. Sozialerhebung des Deutschen Studentenwerks, Frankfurt 1974
Bundesminister für Jugend, [redacted] bericht – Familie und Sozialisation, Berich [redacted] Godesberg 1975

Bundesminister für Jugend, Familie und Gesundheit, Hg., Fam[illegible]), Schriftenreihe des BMJFG, Bonn-Bad Godesberg 1976

Bundesminister für Raumordnung, Bauwesen und Städtebau, Hg. Bürgerinitiative bei der Planung von Wohnung, Wohnumwelt und Stadt, Schriftenreihe Städtebauliche Forschung des BM Bau RS, Bonn-Bad Godesberg 1975

Deutscher Bildungsrat, Hg. Gutachten und Studien der Bildungskommission 54, Lernen im Jugendalter, Stuttgart 1975

Deutsches Studentenwerk e. V., Hg. Vorauswertung zur 8. Sozialerhebung, SS 1976, Bonn 1977

Haider, E., Kollektive Wohnformen, Ergebnisse einer Analyse von Wiener Wohngemeinschaften, Veröffentlichung des Instituts für angewandte Soziologie, Wien 1976

Humanes Wohnen e. V., Zur Wohnsituation Hamburger Kollektive, Material Nr. 6, Hamburg 1973

Interdisziplinäre Arbeitsgruppe zur Erforschung und Planung kommunitärer Wohnformen an der Technischen Universität Berlin, Analysen und Modelle 5, Kommunitäre Wohnformen 1, Berlin 1971

Jugendwerk der Deutschen Shell, Hg. Jugend zwischen 13 und 24 - Vergleich über 20 Jahre, Band I – III, kein Erscheinungsort, 1975

Klinger, H., AAO:KO oder Wie wir uns Befreiung nicht vorstellen, Selbstverlag 1977

Projektbereich »Hochschul- und studentische Sozialpolitik« der Arbeitsgemeinschaft katholischer Studenten- und Hochschulgemeinden, Hg. Reihe »Wohngemeinschaft leben und verändern« Nr. 3, Rudi Damme, Zur Stabilität von politischen Wohngruppen, Bonn 1977

Statistisches Bundesamt Wiesbaden, Hg. Haushalte und Familien 1975, Serie Bevölkerung und Kultur, Reihe 5, Stuttgart/Mainz 1976

Statistisches Bundesamt Wiesbaden, Hg. Studenten an Hochschulen, WS 1974/75, Bevölkerung und Kultur, Reihe 10, Bildungswesen, Stuttgart/Mainz 1976

Victor Gollancz-Stiftung, Hg. Reader: Jugendwohnkollektive, 1. Teil: Die Entwicklung der sozialpädagogischen Jugendwohnkollektive von 1969-1973, Materialien zur Jugend- und Sozialarbeit Nr. 5, 2. Ed., Frankfurt 1974

ders., Reader: Jugendwohnkollektive 2. Teil: Jugendkollektive und Sozialbürokratie-Texte und Dokumente, Materialien zur Jugend- und Sozialarbeit Nr. 6, 2. Ed., Frankfurt 1974